U0055406

沖繩不一樣

那些旅行沒教你的沖繩事

朱宥任 著

推薦序

沖繩・初識

沖繩・生活

沖繩・棒球

沖繩・記憶

推薦序——台灣文學與沖繩的相遇

向陽
詩人，北教大台文所教授

以棒球文學成名的青年小說家朱宥任，又有新著誕生了，但這次不是繼《好球帶》、《地下全壘打王》之後的棒球小說，而是一本全新且實地駐在一整年的旅行散文，一如書名《沖繩不一樣》，寫的是他於二〇一七至二〇一八年以公費留學生身分前往日本沖繩縣遊學的旅行記事；雖說性質是遊學和旅行書寫，不過有關日本棒球運動書寫在這本散文集中仍多有篇章，要說這是一本棒球散文集亦無不可。

朱宥任這本書中的散文，有小說風。他喜愛使用對話，擅長敘事，讀來讓人感到津津有味，人物形象鮮明，故事細節繁複，每一篇散文可說就是一則動人的故事。從首篇〈面試〉開始，到末篇〈和平祈念、姬百合、對馬丸〉，全書三十二篇作品，娓娓敘說他在沖繩旅行生活一整年的見聞、踏查，讓我們讀來如聽一則一則充滿魅力的沖繩故事，讓我們對鄰近而又陌生、習稱為「琉球」的沖繩，添增了全新的深刻印象，增長了對沖繩文化與歷史的認識。我以為這是本書最為可貴之處。

他寫在那霸球場觀賞高校野球賽、職棒、地方決賽的過程，細緻深刻，棒球書寫是他的專長，行家文筆，自是可觀；他寫參加沖繩獨有的慰靈紀念日所見、他寫沖繩離島伊江島三日旅行所見、都圍繞在二戰前後沖繩遭受戰爭的傷痛，以及對於和平的祈願；他寫沖繩出身的史上第一位日本職棒選手金城政夫、在沖繩棒球運動史上影響極大的栽弘義教練、曾經捲起沖繩棒運「興南旋風」的我喜屋優、沖繩出身的前職棒投手安仁屋宗八……僅細緻描繪他們從選手到教練的人生故事，也生動帶出了沖繩的棒球運動史；他也寫前半年在琉球大學、後半年在東洋企劃印刷編輯部實習的生活，特別是協助《momoto》雜誌的編輯作業，通過實際融入學習和實習的諸多篇章，寫出了台日文化之間的諸多差異。

除此之外，〈琉球王國的大航海時代〉、〈琉球王國與傳說〉、〈島津入侵與《琉球之風》〉、〈命運的張子〉等多篇，描述沖繩的歷史、傳說與人文；〈沖繩麵由來〉、

〈餐桌上的沖繩〉寫沖繩的飲食；〈島唄與宮澤和史〉、〈沖繩雜記〉、〈和平祈念、姬百合、對馬丸〉寫二戰的沖繩戰爭以及「和平祈念館」、「姬百合紀念館」的歷史追思——這些集中於本書後半的長文，都顯現了朱宥任對於沖繩歷史文化的高度關注，也透過他的筆帶領我們進入沖繩的歷史長廊，而不僅止於觀光、採買、行踏的浮光掠影。

這本散文集讓我們看到了真的不一樣的沖繩，一部分是棒球的沖繩，一部分是歷史的沖繩，這大概是台灣作家以沖繩見聞為題材首寫的散文集吧，他花費了一年時間，在沖繩留學、工作，深入沖繩社會、接觸人們，從而能看到作為觀光客或一般旅人的我們看不到沖繩內在，他爬梳沖繩歷史、人文和棒運的這些篇章，標示了台灣文學與沖繩的首次相遇。他的書寫，也在這裡迸出了火花，產生了意義。

向鴻全
中原大學通識教育中心副教授

一個沖繩留學生的田野圖像式觀察報告
讀朱宥任《沖繩不一樣》有感

大概我們這個世代、或者基於某種閱讀向度的制約，想到沖繩，應該很難不去聯想到大江健三郎的《沖繩札記》（一九七〇）——一個作家堅持心中信仰的正義，勇敢揭發沖繩人民在日軍強迫下集體自殺的事件，大江及出版該書的書店遭到日本右翼團體的控告，最後無罪的審判結果，也讓大江堅定面對歷史的勇氣和形象，成為讀者認識大江的重要面向，也是讀者認識「曖昧的」日本的起點。

大江在《沖繩札記》使用的「隨筆」（札記）的形式，是日本文學當中很具特色的體裁，能夠在觀察、體驗和研究當中，有許多靈光乍現的發掘或感觸；宥任這本《沖繩不一樣》，是這些年台灣文學研究和創作的復興和制霸的潮流中，又一本從「非虛構」（non fiction）的角度出發的、關於一個到沖繩留學的學生，像是做一個學徒一樣，用田野調查的方式，親身觀察體驗的寫作報告。

相較於宥任前一部棒球小說《地下全壘打王》，《沖繩不一樣》像是換了一支筆，用了比較沈靜的、帶著旁觀式的、卻是在現場的第一手報導，不過野球魂還是熱烈的在書中躍動，我們可以在《沖繩不一樣》中看到宥任隱然有種企圖，似乎想要書寫一個沖繩棒球史，或者說藉著棒球來貫串沖繩的歷史，讓一般讀者原來可能只知道安室奈美惠、新垣結衣是來自沖繩、或者大家耳熟能詳的「淚光閃閃」的主唱夏川里美也是來自沖繩之外，這部《沖繩不一樣》或許真的可以成為台灣讀者重新認識理解沖繩的橋樑書，更重要的是，《沖繩不一樣》和其它關於沖繩的書寫有其時代的差異性，因為這是一位年輕的台灣文學研究學者，用作家的眼和心，親自到沖繩體驗、生活和思索的創作，它能夠呈現新的世代觀看歷史和國家的角度，在輕盈中有嚴肅，舉重若輕。

《沖繩不一樣》呈現了諸多沖繩重要的歷史事件，如沖繩戰、美國和沖繩的關係、日本和沖繩的關係、台灣和沖繩的關係，透過宥任在沖繩生活中真實的體驗，包括到雜誌社實習，都讓宥任有了親身參與社交運作的經驗，加上宥任對於客觀歷史的流暢描述，使得這本書有極高的可讀價值。

所以這本《沖繩不一樣》不僅向我們展現了不一樣的沖繩，同時也展現一個台灣文學研究者關於寫作的、非常不一樣而且珍貴的面向，除了建構了一個新的觀看沖繩的角度之外，也擴大了台灣研究和寫作的視野，很高興宥任完成了一本深具意義的作品，也希望打開一條具有自我特色的寫作的路。

#「棒球，才是沖繩魂啊！」

阿潑
轉角國際專欄作者

我第一次出國是高中二年級寒假，母親帶我和小弟到沖繩旅行。那時我並不知道要去什麼樣的地方，連它屬於日本都不清楚，傻傻地登上飛機，在第一次飛行的興奮中，赫然發現座位前螢幕顯示的目的地是「琉球」。

「琉球？」我對沖繩毫無認知，卻是能辨識琉球的，只因剛考完的期末考題中有牡丹社事件，「琉球漁民」漂到台灣，後被原住民所殺，成為日本政府侵台的藉口，「沖繩就是琉球嗎？」我心中的問號在抵達那霸機場，目光所及皆是日文後消止。然而，新的問題，又在旅行中不斷產生，例如：「沖繩人真的是日本人嗎？」

這些問題一直無法得到回應，出了社會後，幾次重返沖繩，都會帶回更多的問題，但在台灣，除了泡盛、海灘、三線琴等觀光印象，關於沖繩的書寫或出版相當貧乏。台灣人對沖繩的認識，始終表面，甚至沒有強烈的「生活感」。這其實很詭異，畢竟，台灣沖繩距離如此之近，在歷史處境上也相當類似，海上往來更是頻繁，更別說兩地居民性格同樣熱情。

雖說這些年，網路上漸漸出現沖繩政治歷史面向的文章，但花上時間研究、進行細節書寫的，還是很少見。有一次，我看到朱宥勳在臉書上轉了個問題：「還有人記得小時候教『牡丹社事件』時，是怎麼講被殺害的琉球身分的嗎？」他是代弟弟朱宥任發問，想搞清楚台灣歷史課本究竟怎麼描述這些人，是漁民或納貢船？於是忍不住跳起來翻找高中課本──對，就是我第一次去沖繩前認真閱讀、考試的那一本──發現原來我的課本寫的是「琉球人」，那漁民的印象何來？

總之，當時並不認識（且在我印象中只寫棒球小說）的朱宥任，在回應我的貼文中洋洋灑灑反駁歷史課本中其他錯誤敘述，讓我很是驚嘆──但誠實地說，我並沒有心思搞清楚那些錯誤，只是草草讀完。而這種關於牡丹社事件中琉球人身份的錯誤認知的修正與釐清，就在這本《沖繩不一樣》裡。在讀書稿的同時，我忍不住想到我跟沖繩的第一次接觸，與朱宥任的第一次「筆談」，都跟牡丹社事件有間接關係，這些都顯示台灣人書寫沖繩無不帶著自己的歷史視角，而這恰恰證明了我們與沖繩之間的關係別於他人。

朱宥任的這本「沖繩記事」當然和大江健三郎《沖繩札記》那般沉重且帶著嚴肅目的的出版很是不同，作為一個熱愛棒球、用一種年輕他者的眼光看待沖繩群島的「實習者」的眼光，朱宥任的記錄短而精幹，充滿生活的觸覺與探索的熱情，不論實習或歷史，只是引導讀者跟著他一起觀望島上的風景，嗅聞這塊土地的氣味，因此，下筆皆是真實，不多做詮釋或渲染。

但看完整本書，還是不免感嘆這十分「朱宥任」，即是逼使讀者無法忽視棒球的存在——「棒球，才是沖繩魂啊！」我忍不住這麼想。

沖繩・初識

面試

「請說明為何你想去沖繩留學。」

在教育部面試會場，主考官還是問了這個理所當然的問題。

但我想的反而是：為何到場人數比我預期要少得多。

這是名為「琉球人子弟等留學生」，由沖繩縣政府補助的獎學金留學計畫。這次來台灣招募兩人，計畫為期一年，方案有三種，分別為在沖繩留學一年、或留學跟企業實習各半年，以及學習一項沖繩傳統技藝一年。留學的大學可自己選、企業則是可以提出方向，主辦單位「沖繩縣國際交流人才育成財團」會幫忙找尋合適公司。傳統技藝則可從太鼓、漆器製作、沖繩料理、空手道等等項目中擇一學習。另外，獎學金補助機票學雜住宿等開支，外加一個月七萬的生活費。

算盤打一打，差不多就是去沖繩過個別人出錢養你的一年。條件很直接：日檢Ｎ２水平以上，自傳面試亦要求全日文進行。這不算什麼嚴苛的條件，許多大學日文系都將Ｎ２列為畢業條件之一，而且還有相當多像我一樣，非日文系所但有這資格的人才對。

但是，現場包含我在內，來面試的卻只有四個人。

大家不喜歡沖繩？感覺沒這回事。還是大家都只當沖繩是去玩的地方，對留學實習啥的沒興趣？有可能。

老實說，我主要也是看到有獎學金，才決定來試試的。我過去在群馬大學交換過一年，體會到學外語有沒有環境還是差很多，因此一直想再去一次日本，只是並沒有特別考慮要去日本的哪裡。

主考官問我為什麼要去沖繩，這是理所當然該出現的問題，我也理所當然的事先準備好了說詞：我說我是唸台文所的，對於文史方面本來就有興趣，也知道沖繩歷史和台灣有許多相似之處，近代史都是夾在美日中三方，文化也很混雜……但詳細來講還是要去過，才會更知道究竟是個怎麼樣的地方，剛好我也沒去過沖繩，所以才打算去一趟看看。

雖說主要是因為提供獎學金，但這話也不是違背良心的掩飾之詞。過去偶然看過一些沖繩的資料，確實有些地方令人好奇。

「還有，我想看看沖繩棒球……」

我說沖繩棒球很有名，高中棒球人氣極旺，曾經在甲子園留下好成績，也有很多球員在職棒活躍。我知道興南高校拿過冠軍，島袋洋奬今年會來台灣打冬季聯盟，也知道東濱巨、新垣渚等人是來自沖繩的好手。

我不否認這麼回答是有一點取巧，畢竟在日本，棒球是國民等級的運動，把名字換一換套在日本各縣市搞不好都成立。也有一點風險，即使我是在表明自己寫過棒球小說後才這麼說的，但有可能主考官認為這是很嚴肅的計畫，不適合將寶貴的名額給一個腦袋只想著看棒球的怪人也說不定。

其中一位主考官聽完之後，問了：「你有支持的日本球隊嗎？」

「有，軟體銀行鷹。我喜歡柳田悠岐。」

「喔，那你知道……」

他講了一個名字，是全名。我一開始楞著沒聽出來是誰，後來才發現是王貞治，嚇得我一身冷汗。自稱球迷怎麼可以不認識王貞治，連忙解釋我都是稱呼「ＯＨ桑」，講慣了，一下聽到全名還真的反應不過來。

「軟銀今年很可惜呢。」

「是啊，最後被火腿逆轉拿下優勝。」

「你可以說明一下為什麼嗎？」

「果然還是傷兵吧，進入九月的最終爭冠期，柳田和和田毅等大將都缺陣。」

面試的最後幾分鐘都是在聊棒球，似乎已經不管我其他備審資料如何了。這代表在考官心中，錄取與否早有定見，對我來講不是大好就是大壞，好的成分可能高一點，可是不代表百分之百如此。

離開面試會場後吃個飯，接著去和朋友赴約唱歌。台灣 KTV 普遍低消需要三人，即使是日文機台專門店也一樣，但如果在日本，一人或兩人唱都可以，價格也便宜許多，到現在還是會懷念去群馬時，曾唱到晚六到早七還附飲料吧卻只收八百多日幣的店，便宜到不需要事先規劃邀約，晚上和朋友一條訊息就直接到店報到了。

放太空了，晚上結束才發現有未接來電。回撥後對方表示是今天的主考官，問我對哪一間大學有興趣。我說琉球大學，其實我也沒那麼瞭解，只知道成績排名琉球大學是沖繩榜首，外加有和台大結盟，所以多少聽過一些該校的狀況。

但我知道這個電話是什麼意思。幾天後，MAIL 收到正式錄取的公文。該收拾行李了。

抵達沖繩

「沖繩喔，比起日本，其實感覺比較像台灣喔，街景啊食物啊什麼的，而且那邊的人也有些做事沒那麼嚴謹的感覺。」

曾經去過沖繩的朋友這麼告知。

還沒出發就體驗到其中一項。現在時間四月六日，日本的學校已經開學了快一週，我卻才剛從那霸下飛機。

而這還已經是最快速度了。自從確定錄取後，我便開始與提供獎學金的財團負責人，一位名為金城的先生聯絡。這段期間都在籌備各式文件，有要交給財團的、要交給學校的、還有要交給日本入國審查的。期間我常常因為填表上有格式問題被金城退件，但問題在每次退件時間不一，有時隔天，有時一兩週後才來告知。另外同一份文件，也常有本來我寫ＡＢＣ，後來被告知Ａ寫錯必須修正，而修正完後，才又通知Ｂ其實也需要修改，Ｃ也要改的狀況，使得光填妥一份文件就耗上月餘。等我的部分都搞定之後，一下子金城那邊又是好幾個禮拜沒回應。

於是一路從十月底開始處理，直到四月初我才拿到日本入國許可，又碰到台灣清明連假，今天已經是趕著最快的飛機衝來了。

迎接我的正是那位金城先生。到機場後馬上被載去琉球大學，沿途他交給我一些文件和公發的手機，並重提一些基本規定，包括留學期間內不能出境日本、出沖繩縣外需事前告知、不能開車騎機車、且會有固定例會或活動，身為公費生必須出席等等。

「可是沖繩沒有電車不是嗎？」

「是啊，雖然那霸市內有單軌電車，但琉球大學那一帶搭不到。不過不用擔心喔，沖繩公車線路很多，搭公車到哪都很方便的！」

那時我還真傻傻信了這話。

我又聊起棒球，資料金城經手過，我想他應該知道我對棒球不陌生，可惜他所知並不多，只說每年會有球團來沖繩春訓、沖繩本身沒有職棒這些常識。

該不會沖繩棒球沒想像中熱門吧。

到琉球大，宿舍入住在內的基本手續辦好之後，金城就說有事要離開了。我想起還需要辦理在留卡，過去在群馬交換那次是剛開學時，學校國際組的人馬上把留學生統一帶去市役所辦理。但現在這裡已經過了開學時段，於是我問金城該怎麼處理，他只回答說去找學伴或其他朋友幫忙，聽起來這並不是他的責任範圍。

學伴是學校安排的，半打工性質，一位叫做上原的大四男生。我是在處理留學生的國際交流中心辦完事情後，學校引薦和他會面的。琉球大學的校地不小，交流中心在位於東口和南口的位置，但我的宿舍卻是分在北口，於是上原開車載我回到住處，說有什麼事就跟他聯絡，他都會盡量幫忙。

*

比我更慢才來的是中國來的留學生。我在台灣辦簽證，今天辦明天就下來，他們簽證則是得辦一週，於是也晚我一週才到沖繩。事實上，大部分的獎學金留學生，也都是在我來後的這幾天才陸續抵達。

看來文件處理上有所延宕的不是只有我而已。

就在中國生來的隔天，馬上就有第一期例會，每個參加獎學金計畫的留學生都得去縣廳報到，除了初期的行程說明以外，還有跟副知事見面的公關行程，在場也有媒體記者。

每個人都有帶禮物，其他人送酒送餅，就只有我一個送書。副知事看不懂中文沒關係，封面一個揮棒動作不可能不知道。他接過書，馬上說沖繩棒球很熱鬧喔，你喜歡棒球一定要去看。我說好，我很期待。

正式公關場合，以副知事身分推薦自家高中棒球，這分量確實有些不同。一會兒回座位，獎學金財團的社長來寒暄，問我知不知道嘉農。我想我比較驚訝的，反而是有日本人主動跟我提這個，就我所知電影在日本是叫好不叫座才對。接著他又說，他的祖父母輩曾經在嘉義。這又讓人更驚奇了。

初來乍到，其他代辦事項還一堆。除了郵局帳戶早在之前去群馬時申請過之外，還有健保卡、在留卡和國民年金等一堆雜項都得去市役所申請，其中又因為表單沒填正確，把宿舍住址的「新混住棟」寫成「混住棟」，一字之差害得我多跑了一次市役所。

這些全都麻煩上原開車帶路，我們當然也趁著這個機會在路上聊上不少。他留學過加拿大，說當時班上也有台灣同學。他說那位同學有天上課遲到，一問之下才知道是早上跑去買珍珠奶茶，但因為大排長龍的關係，最後沒及時趕上。他就覺得很不可思議，台灣人竟然是這麼喜歡珍珠奶茶，不惜上課遲到也要等。

不過我思考方式的相反就是：應該不是喜歡珍奶，而是覺得遲到也無所謂吧。

後來聊到棒球，這次終於聊得起來了。他是讀賣巨人迷，知道陽岱鋼今年正好移籍到巨人，也知道陳偉殷。而且他以前國中時也待過球隊，高中更是在沖繩尚學就讀，那是另一所沖繩的高中棒球名校，只可惜那時他已經沒有再打球了。

「原來如此，在台灣，棒球也很有人氣啊。」

「其實我一開始看到『上原』這個姓氏時，想到的是『上原浩志』喔。」

「台灣球迷也知道上原浩志嗎？」

「嗯，現在在大聯盟嘛。有上大聯盟的日本人，通常台灣球迷都會知道。」

看來在這裡要聊棒球還算是聊得起來嘛。

跑完市役所之後拿到在留卡，又憑著在留卡申辦手機網路，總算是能回歸正常生活的步調了。上原協助我這些生活上的要務，是可以報帳領鐘點費的，但他也跟我說，如果我有私人請求，那問問他能不能幫忙也無妨。他說我沒有車，去沖繩很多地方並不方便。他們自己人有車的話，就不太會想去搭公車。

「沖繩的公車常常遲到，而且還要轉乘之類的，不是很方便。」

無論如何，此刻之前還真的是不方便。在沖繩落地十幾天了，因為沒行動網路，出門也不敢走遠，偏偏琉球大學北口附近又沒有什麼店家，連超市都要走上十幾分鐘才能到。不過倒是有便宜的學生食堂和合作社，價格也很配合學生的經濟狀況，只是用餐時間肯定爆滿。

現在至少算是搞定基本了，可以稍微鬆口氣。

幾天之後，金城才發現還有一堆留學生因為不瞭解該怎麼做，根本還沒有把在留手續辦好，就通知還沒辦的統一在哪天集合，他會帶大家去市役所處理。當然，這已經沒我的事了。

只要在琉球大學校園晃一圈，就能感受到這所學校的左派氛圍。

我的宿舍千原寮在北口，然而教室卻在國際交流中心那一棟，也就是偏東口南口的位置，以至於每天早晨，我都得花上二十到三十分鐘，幾乎是穿越整個校園才能走到教室。

在這段路程中，固定會先在北口處的一個紅綠燈附近，看到一面抗議美軍基地的大型手繪海報。接著過了球陽橋，又會在中央食堂附近看到幾面看板，內容是抗議基地、反戰為主。看板上還號召大家在某月某日時到哪處集結準備抗議，或者在幾號時會舉辦沖繩戰經驗者與學者的公開演講等等。

「嘉手納基地擴張阻止，X月X日縣民大會抗議行動！」

「沖繩戰的悲劇不能再度發生！沖繩戰經驗者○○女士蒞臨演講。」

一開始我以為是我來的時間湊巧，有大事要發生在動員，後來才發現那些看板基本上是常駐的沒停過，就是內容會更新，這個月可能是針對嘉手納基地，再下個月換成普天間這樣。

雖然我才剛來不久，但倒是很快就體會到感受到一二。別的不說，經常白天叫醒我的不是鬧鐘，而是直升機吵死人的螺旋槳聲。課堂間或在校園走動時，也不時會聽到戰鬥機或直升機劃過天空所留下的爆音聲響。還有一天我很晚才回到宿舍，在陽台上看到某處光線特別亮，還以為是有演唱會或祭典的大型活動舉辦，後來才知道那是普天間基地罷了。

也難怪抗議、呼籲大家正視基地問題的看板，會放在學校人潮最多的食堂那邊。

＊

跟當初在群馬當交換生時差不多，短期留學主要還是以日文課，跟一些基礎文化歷

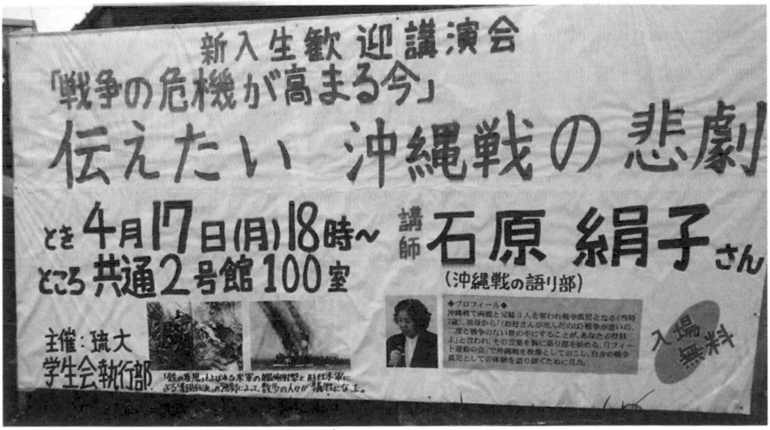

這類宣傳海報經常能在琉球大學內見到

史課為主。有差的在我自己，當時我的日文還很破，只能乖乖的學初中級的文法和課程，如今算是進步了不少，總算是可以跟上較高級的應用班。

其中最有趣的，還是屬葦原老師的聽解課了。她上課的內容會播一些日本電視節目，然後要我們在講義上複寫節目中的內容。內容她特別挑選過，「我不會放動畫，因為我知道你們都會上網看。」而最常放的是一些以綜藝方式演出的知識性節目，例如走訪日本各地，體驗不同風俗民情的《秘密縣民show連續轉職短劇（台灣官方譯名為《妙國民糾察隊》）》、或者挖掘日本各種存在日常，一般人渾然不覺但其實很怪異的事物「這個差別是什麼呢？」節目等等。

我們等於是一邊學聽力，又一邊看節目介紹那些日本人也未必知道的各類知識。像有集「這個差別是什麼呢？」這節目探討到「為何『日本』這個字的發音有『にほん』跟『にっぽん』兩種呢」，並且訪問大學教授，結果他回答：「將にっぽん用於稱做日本國的用法較早，但到了江戶時期，繁忙的江戶人因為生活步調快，把にっぽん唸快成了にほん，使得現在『日本』這個字有兩種發音。」並舉了日本橋的例子，說東京的日本橋前面就唸にほん，但大阪的日本橋卻是にっぽん。

片中還提到，由於事關國名的稱呼方式，政府曾幾次開會討論是否該統一「日本」這個字的發音。然而不管哪一次，結果都是維持現狀，想怎麼叫都可以。

「不愧是日本人啊，完全下不了決定。」在我們忙著複寫節目中教授的解釋時，葦原老師這麼吐槽著。

而有一次，片中的主題是琉球大學。節目中以造訪琉大的校慶為起始，接著敘說琉球大學的歷史：當初在戰後一片克難的環境下，美軍率先設立了琉球大學。說是大學，但一開始只有簡陋低矮的平房充當教室，教室內的桌椅看起來也只有現今的小學水準不到。但由於戰火的摧殘，沖繩當時是一片焦土，終於有學校可以學習還是相當令人欣慰的。

不過，這些進入學校就讀、接受過高等教育的沖繩人們，也漸漸明白美軍佔領沖繩，侵害沖繩在地人人權、強行徵收土地作為基地之用等問題。於是這些學生在當時就多次向美軍政府表達抗議，甚至先後爆發過兩次「琉大事件」，使得部分事件參與者遭到退學處分。

節目製作組也訪問到當時遭退學的人士。儘管日後被琉球大學撤銷處分，並追贈學位，但當初那些學運領袖回憶著這件事後，還是說了：「當時難過的也不是什麼被退學，或者訴求沒有達成等等，真正令人感到哀傷的，是我們發現到，我們並沒有被當成一個人被尊重的對待這件事。」

看到這裡，多少對校內為何有那麼多社運號召感到理解了。

後來，又在沖繩文化課與歷史課都上到，當初沖繩本來寄望回歸日本本土後，美軍基地的問題可望獲得解決。只可惜回歸是回歸了，但美軍基地還是好端端在那邊不動如山。原本當初沖繩人就不滿美軍政府，多次要求必須將沖繩交還給日本本土，但是在真的回歸之後，又在回歸當天開始，不斷抗議基地仍然存在的事實，這也讓不熟脈絡的一般日本人有所誤解，認為你沖繩當初自己說要回歸日本，現在回歸後又整天抗議，認為沖繩人兩套標準。直到現在的沖繩，也還是跟日本本島的人有一層代溝。

但我想，來過沖繩住一陣子，就不難理解沖繩基地的問題，即使是很基本的也好。不過這確實也是難題，儘管我不喜歡天天有直升機阻止我賴床，可是就現實的世界情勢來講，地圖一攤開，沖繩的位置就這麼方便，那麼剛好，沒道理美國會想放棄，而美國不想，日本更不可能有什麼舉動。

沖繩文化課的老師很年輕，看上去約才三十左右，當然我沒真的去問。她的電腦桌布是一張彩虹旗，有一天她上課上到一半突然說，台灣真是了不起，居然通過了同性婚姻的案子，不像日本在性別這塊還有很大的進步空間，安倍政府根本不能期待等等。顯然她說的是大法官釋憲的新聞，那確實是件令人振奮的好消息，不過以台灣的政治現實而言，我想要真正落實還有一大段距離要走吧。

嗯，什麼議題也好，都是這樣啊。

初見高校野球

興南高校和早稻田實業，即使我不熟日本高中棒球，也都聽聞過這兩所學校的大名。前者是沖繩知名的棒球強豪，後者更是受到全國級關注的隊伍。過去早稻田實業「手帕王子」齋藤佑樹與田中將大的對決，至今仍是傳頌不斷的經典戰役。另外，王貞治亦是這所學校出身的球員。

如今他們有新的未來之星：清宮幸太郎。或許說他是未來之星有那麼點不精準，因為還只是高中生的他，現在就已經是日本最知名的棒球員之一了。

與台灣不同，或者說與現在的台灣不同，日本對於高校野球的著迷程度，是毫不亞於職棒的。甲子園的比賽永遠高朋滿座，各地球迷踴躍入場，拼命的為來自他們家鄉的球兒們加油，甚至還有的球員是以甲子園作為棒球生涯的目標的，反而對職棒興趣缺缺。

於是許多在高中有出色表現的球員，很可能就一躍成為全國知名的角色。如松井秀喜、松坂大輔、齋藤佑樹、中田翔、藤浪晉太郎等皆是如此。而現在二〇一七此時最新最火紅的名字，就是國中時就備受矚目的巨砲，即將向高中時代合計第一百發全壘打叩關的清宮幸太郎。

現在，坐擁清宮的早稻田來沖繩了，他們和這裡的高校進行四場友誼賽。其中興南是壓軸的最後一場，也因為這是我少數知道的沖繩高中，這怎麼可以不看呢。

在經過公車及單軌轉車的勞頓之後，我初次到了那霸球場。眼見所及的其一，是被這個對戰組合吸引，球場外滿滿想一睹風采的觀眾。只憑肉眼估算，大概就能判斷這裡少說聚了千人以上吧。現在要看到台灣青棒賽有那麼多觀眾，而且還只是一場友誼賽，恐怕是難上加難。甚至在職棒低潮那幾年，職業比賽球場都不會這麼熱鬧。

而其二則是呢，有這麼受眾人矚目的壓軸好戲，天空這時卻陰沉兼小雨亂飄。顧售票口的看起來像是球隊的學生，他叫我先別買票，得等個一陣子才會決定這場比賽要打不打。一旁有吃的攤子，大鐵板做著炒麵、大阪燒等常見的日本攤販食物，攤上的也都是學生。我買了一盒，本想邊吃邊等烏雲散，結果雨是越下越大，差不多吃完，也聽到工作人員出來喊比賽取消，大家可以回家了。

於是首次的那霸球場行，就在連觀眾席都沒踏進去之下結束了。

＊

再下一次，就不是交流賽那種輕鬆的比賽。而是夏季地方大賽開打，那種漫畫演不膩，拿了冠軍可以去甲子園的真劍勝負。

開幕當天似乎又是個天色不做美的日子，想起沖繩最近進入梅雨季節，還沒出門就決定放棄。後來也在網上看到新聞說首日比賽全部順延，只進行開幕儀式，場地改到球場旁的室內體育館。

隔天放晴，然而這天睡得有些晚，慢慢晃到球場只剩最後一場比賽。看組合，八重山商工對首里高校。這個嘛，見識淺薄如我，聽過的只有八重山和首里這兩個地方。一個是琉球舊都，單軌電車站的終點，有著沖繩觀光重點之一的首里城。另一個是離沖繩本島很遠的離島，有很多台灣移民，還拍成紀錄片跟寫成書過，若是從地圖上看八重山群島，就會發現其實它離台灣有多近。

比起早稻田對上興南這種卡司，對我而言，這就是一場兩邊都從零開始認識的球賽。

碰！

八重山商工的投手投出，飛快的球速進壘。我知道很快，但我的眼睛不是測速槍，看板上面的才是。

一三九公里。

以高中生而言，這速度足夠引起我的好奇。看了一下，這位同學姓平良，平良海馬。前面他都維持著一百四十公里上下的球速，不過進壘點不能說太好，至少首里高中的打者還是能碰得到球，幾次站上壘包造成威脅。

但精采的就在危機出現後。當得點圈有人時，平良已經不錯的球速竟然再度往上催，一四六、一四八、一四九……當一五一出現在看板時，全場一陣驚呼。

——這才初賽耶。

這些飆破想像的快速球，外加平良同學自己一個漂亮的下丘守備，讓他度過了前幾局的危機場面。四局打完雙方零比零。

而對比火球連發的海馬同學，首里高中那邊的投手叫內藤，球速落在一三〇公里上下，不能說慢也不算快，剛好就是個沒什麼意思的速度。但有趣的是，八重山商工的同學似乎並不太能掌握住他的球，攻勢總是有一搭沒一搭，無法能夠有效串連。相比之下，平良同學不斷催出超過一四五公里的快速球，卻也是讓首里高中的打者們屢屢上壘。

決定性的戰況在第五局。碰上三壘有人的危機，似乎又想催出球速硬碰打者的海馬同學，這回球沒被捕手接住，滾到後面奉送一分，一比零。緊接著海馬同學在這個暴投後，又丟出連續壞球保送，逼得選手緊急喊出暫停。

——畢竟還是年輕選手啊。打棒球，失誤掉分還算事小，但就因為這麼一次出錯影響到心情，就是不足之處了。

被拿走寶貴的一分，但八重山的攻勢依舊沒因此展現出奪回的氣魄。後半段的攻擊依舊乏善可陳，連敲出內野的球都不多，僅一球打到外野深處並被接殺。最後半局的平良應該是不需要擔心體力問題，又再度全力催出逼近一五〇的快速球，只可惜他丟得再快，也不可能靠著投球拿到一分。

一比零，這就是最終比數。

果然和漫畫演的不同，不是哪個學校有個超級強投，就能一路順利過關斬將，甚至像眼前這般，可能在第一回合就被一間普通學校給淘汰出局。另外，即使輸球，當然也還是記住了這位海馬同學的大名。

後來看報導，有球探測到平良海馬投到一五四，和球場速度不同之外，這速度是全沖繩縣最快，放在日本當屆高中生中也是佼佼者。

再更久之後，日本職棒舉辦新人選秀會。話題人物清宮幸太郎在眾球隊爭奪之下，最後由北海道火腿隊中籤，以第一指名風光加盟。接著，也默默地看到平良海馬的名字，出現在西武的四指名上。

改變沖繩的男人

我會知道《改變沖繩的男人》（沖縄を変えた男）這部電影，是來自於獎學金財團的比嘉先生。

那次是比嘉、金城兩人帶我準備去見下半年要實習的對象，一家叫做東洋企劃印刷的公司。當初金城問我想去什麼類型的公司研修時，我的回答是出版相關產業。金城說東洋企劃印刷有出版自家品牌的雜誌《porte》，因此算是符合我的需求。

到公司，晤面代表是社員名嘉山和公司的副總大城夫人。他們也說會讓我去編輯部實習，不過我在的期間一定會碰到雜誌出刊期，到時可能會比較忙，所以我最好先有心理準備。另外，還稍微說明了些其他下半年的行程。

「朱先生是台灣來的吧？正好我們也在討論下半年員工旅遊的行程，也許會選擇台灣去喔。如果朱先生在的話，應該也能幫得上忙吧！」

金城聽到這話，馬上插話解釋：根據財團的規定，這一年的公費留學生都不能出境日本。不過比嘉在這邊打斷金城，說如果是公司提出的請求，應該可以算是特殊狀況，透過程序有好好報備的話也許能夠通融的。

會晤結束後，財團的人和我，加起來三人到附近的燒肉店吃午餐。比嘉先點了份經濟餐，份量不多，價格也就幾百塊的定食價格，他好了之後金城也照著點，我想著原來是這麼回事，自然蕭規曹隨。

聊一聊之後發現，雖然金城不看棒球，但是比嘉是球迷，於是我們的話題很快接到棒球上。那時我就說之前本來要去看早稻田對興南，可惜比賽下雨沒有打成，不過之後的職棒比賽絕對會去。又說，雖然興南那場比賽下雨，但去球場還是看到很多人，台灣高中棒球就沒那麼有人氣，絕對不會有那麼多球迷去看。

比嘉有點驚訝，他問我有沒有看過《KANO》。我當然說有，但解釋那是很久以前，日本統治時代的事了，現在的台灣高中棒球人氣和那時完全不能比。不過對比嘉連《KANO》都看過這件事，我倒是頗為驚訝的。

他又接著提到，就在我預計實習的公司附近，有間學校是「沖繩水產高校」，遠一點還有另一間是「豐見城高校」。他說在以前，沖繩的學校去甲子園，都是給人洗臉的份，但是這兩所高中後來在一位叫做「栽弘義」的教練帶領之下，都在甲子園打出了很好的成績，一掃過去沖繩球隊的貧弱形象。

「沖繩水產還拿過亞軍，就像《KANO》一樣。」

比嘉說這個教練的事蹟也被拍成了電影，片名就叫《改變沖繩的男人》。他認為既然我對沖繩棒球有興趣，那一定要看看。

等大家都吃飽以後，比嘉說要去上廁所而暫時離席。在他離席這段間，金城叫了服務員，在比嘉回來前結好了帳。

＊

要看《改變沖繩的男人》這部電影，意外的沒那麼容易。

這是一六年十月上映的片子，如今自然不在院線檔期。我和上原提起這部片，他也抽空帶我到 TSUTAYA 或其他販售、租借 DVD 的店四處查詢，但始終沒有結果。

後來偶然間，我才在該電影的臉書粉專，看到他們將在南城市的一間公共演藝廳舉辦特映會。通知上原後，他幫我買好了票，也一起載我到該演藝廳去。

該處頗有人煙罕至之感，本來想先在演藝廳附近找地方吃個晚餐再進去，結果搞半天才好不容易找到間沖繩麵店。等到了開播時間回到會場，發現裏頭也了有七、八成滿，以此處的偏僻程度，人數倒是比想像中的多。

——和期待中差了一截。老實講，這是剛看完電影時我的想法。

電影的敘事角度以教練栽弘義為主，第一幕就是母親背著尚為年幼的栽弘義逃難，但是被爆炸波及燒傷的場。我想那應該是沖繩戰爭吧。之後畫面一轉，直接跳到已經成年，將成為「琉球水產高校監督」的栽弘義。

除了學校名稱被更換以外，主力投手的名字也被改成「大田」，而不是現實中沖繩水產高的王牌「大野」。

整部片重點就放在敘述栽弘義為了讓球隊打進甲子園，而不斷進行各種嚴格的訓練，這和《KANO》一開始是類似的，也都有球員們在初期因為不適應，體力不支而忍不住嘔吐的片段。

不過和《KANO》的近藤監督相比，除了同樣表現出栽教練異常嚴厲的訓練以外，一些內心轉折上的關鍵描寫總覺得不是很到位。例如看過《KANO》的，一定不會忘記近藤監督要大家望著燭光冥想，或者「不要想著贏，要想著不能輸」等等橋段。相對而言《改變沖繩的男人》雖然不是沒有類似情節，可是給人的渲染力道明顯有差。

另外讓我最為失望的是，這雖然是一部棒球電影，但關於比賽的描寫少得可憐。如前所述，沖繩水產最輝煌的成就和嘉義農林一樣，都是曾在甲子園拿過亞軍的隊伍。但是電影中竟然完全沒有出征甲子園的片段，甚至真正描寫到的比賽還只有兩場，而且對手都是縣內的「首里學園」。第一場寫他們和首里對戰，不幸在後段被逆轉落敗，第二場則是在更加艱苦訓練後，雙方於地方大會的決賽中碰頭，誰贏了就能進甲子園，然後在投手忍著傷勢力投下，總算是驚險度過難關，故事在大家在場中慶祝勝利的鏡頭作結，沒有繼續演下去。

至於電影中栽教練採取高壓式的集訓模式，對球員們的表現一不合意就拳腳相向（儘管有個部分學生烙人報復栽教練，而自知理虧教練也站在那任憑他們毆打的平反橋段），還有硬是要受傷的主力投手大田上場，雖然這些都是我所不認同的觀念，可作為一部電影，我會當成在塑造角色的一部分看待，角色有這個設定就該如此演出，因此雖然有些反感，但不是扣分的部分。

回去的路上和上原聊，他說以前的野球部就是演出來的那樣子，現在毆打球員這些事情不是沒有，可相對來講容易上新聞，就變得比較收斂。還有球員在學生時代是不是投太多，導致影響球員生涯，也是滿多人在檢討的。像片中大田投手的原型大野，後來就傷到投不下去，成棒後只能轉戰打者。

就這樣一路聊，從電影本身回到棒球。抵達琉球大學宿舍時，話題已是齋藤佑樹跟田中將大，還有高中球員要打職棒好還是上大學好的問題了。

後來有次在書店逛時，看到由松永多佳倫所著的《改變沖繩的男人》一書，就是電影的原作傳記。只是那時恰巧沒買，反倒是在甲子園教練名言集啥之類的書，看到有一頁屬於栽弘義，留下的話語是「在沖繩高校拿下甲子園冠軍之前，沖繩都不能算得上真正的回歸日本」。之後有次碰上琉球大學合作社舉辦書本特賣會，其中也有這本《改變沖繩的男人》，才藉機入手了這本書。讀過之後才發現那個說他把甲子園比擬沖繩戰的說法是有問題的，還有比起書本，電影真的省略掉太多東西了。

《改變沖繩的男人》電影傳單

職棒觀戰

「果然車子很多，可惡啊。」

我和上原在車內，在飄著小雨的那霸市，在球場週邊車陣中。「可惡啊」是上原遇到些小麻煩時的口頭禪，以為日本人說話比較委婉的我，一開始聽到也有些吃驚，現在倒已經習慣了。

而下班時段的那霸車陣，也是另一件習以為常的事，只是今天又更嚴重。

這兩天那霸球場將上演職棒例行賽。今年沖繩第一次，也是僅只一次，組合是西武對羅德。

和上原早在兩小時前就從琉大出發，結果到接近開打時間才得以下車。球場外頭一堆攤販，經過就是陣陣炒的炸的香氣，可也沒時間慢慢挑了，趕快抓幾個已經盛好盒子的炒飯烤肉就準備進場。一頭還瞥見西武的攤，大大的「沖繩賽事紀念商品」。特殊活動限定商品，這很日本，而且好幾項商品已經掛起已賣完的牌子，證明這招一直都有效。即使這僅僅只是為期兩天比賽，但該有的還是有那麼一回事。

「以往球隊來沖繩比賽時，通常都會派陣中的一些沖繩選手上場，當作是給在地球迷的特別服務喔。」上原跟我說。

我不是很清楚兩隊中誰是沖繩人，但沒關係，觀眾席入口那邊擺了一整疊約十頁的觀戰手冊免費索取。內容有一位前沖繩職棒球員的訪談、兩隊的一些基本介紹，另外還闢了一頁專門介紹在場的沖繩選手。在這欄中，西武這邊有山川穗高、多和田真三郎和國場翼三位沖繩人，羅德則是大嶺翔太、祐太兄弟與伊志嶺翔大，也是三位。

進場時，大螢幕上早就秀出了兩隊的陣容。這六位唯一被排在先發的，是擔任先攻羅德第一棒的伊志嶺。當他站上打擊區時，記分板上顯示出他目前成績連兩成都不到，但他彷彿回應鄉親父老似的，立刻在第一次打擊機會就敲出安打。

而緊接在後，羅德也在二、三局都拿下了分數。眼看著氣勢正順，但原本就飄著的小雨，逐漸變成傾盆大雨，大得明顯看得到積水，逼得主審喊停，工作人員出來蓋帆布。

雨勢雖然曾一度變小，可後來又增大回去。看這天氣，想來是打不成了吧，硬打也不是好選擇。我曾在天母看過因為颱風氣流

場內手冊介紹雙方沖繩選手

影響，三次因雨暫停又復賽的球，那實在不是很好的經驗。

「如果比賽就這樣延期的話，應該就不會再排到沖繩了吧？」

「大概吧！來沖繩畢竟比較麻煩，應該會在內地找場地重新再比過。」

「重新比過？都打到三局了，不保留比賽嗎？」

「會重新比喔。台灣職棒的規則不是這樣嗎？」

我和上原閒聊間，就突然聽到歡呼聲。此時本來低頭等待的眾球迷，紛紛把手機對準場內。一看不得了，穿著六號的羅德球員衝進場內，在大雨中開始繞壘奔跑，最後不顧泥濘的朝本壘帆布撲下去。

對不是第一次看到因雨暫停的球迷而言，雨中滑壘的餘興並不是什麼陌生戲碼。可不得了的就在，羅德六號是井口資仁，一位在日本資歷十七年，亦曾赴美加入白襪隊並奪冠的明星級球員。而他不久前才剛宣布，他會在今年褪去球衣，二〇一七將是他最後一個球季。

這雨勢看來誰都知道比賽是不會重啟了，但這一齣確實又讓觀眾們鼓譟起來。於是伊志嶺再度登場，同樣是繞壘包跑最後撲下去。主場西武這邊也給予回應，派水口大地出來再演一次，總算是滿足了沒看到球賽的癮。

「哎呀，居然是井口出來，真是太值得了。不過比起拿手機拍攝，我倒覺得不如親自用肉眼體會呢，畢竟是最後身影了嘛。」

擠在散場的人群中，清晰的聽到某位後方的大叔這麼說著。想想也是頗有道理，可惜我就是個俗人，懊惱手機性能不夠好，拍不清楚場內球員的樣子。

所以我回到宿舍上網後才得知，那其實不是井口，而是穿了井口球衣的大嶺翔太。

＊

第二天的比賽上原有事沒能一起，我自己從琉大搭公車，塞了更漫長的時間才終於到場。

今天場上多一位沖繩人，是西武的先發投手多和田。查了一下，發現這位球員上次出賽都兩個月前的事了，之後似乎就因傷而沒在一軍上場過。傷癒後的第一戰就在家鄉獻技，時間算的真是巧。

他也沒辜負期望，一百四十公里初的球速以日職標準不算快，不過前五局只因為零星安打掉一分，三振也有投出來。六局他仍然續投，這局的內容就比較差一點，也丟掉了分數，但我自己是不認為有需要苛責，剛從傷病回來中的投手難免有續航力問題。

因為六局的狙擊，多和田下場時是敗投候選人。但即使如此，內容上他還是投得比羅德的先發佐佐木好上一點點，儘管佐佐木失去的分數沒有他多。這樣的判斷出於我個人過去觀戰經驗，聽起來或許不太科學。總之以這場比賽的表現而言，我想多和田是有機會在下次比賽中繼續先發的。

至於伊志嶺今天就打得不怎麼樣了。怎麼說都還是兩成不到的打者，如果只是希望能打得好就會打得好，那也未免太小看日本職棒的水準了。不過很難說他之後還有沒有上陣的機會，畢竟幾乎每位羅德的球員上場，秀出來的打擊率也都高不到哪裡去。

落後兩分的西武在第七局，包含秋山的陽春砲在內，一二三棒打完把比數扳平。這下可麻煩了，要能搭到回去的車得趕十點之前離開，可是昨天只看到三局，今天當然也不想沒看到結果就走。

「這時間頂多看完九局吧。」心裡這麼盤算，可是八局輪到西武的洋砲 Mejia 上場時，時間已經只夠看完他這個打席了。我很喜歡他的應援曲，現場聽格外有氣勢，只是這也沒法幫他在這裡多打個幾分。我只好在兩隊還是平手的狀態下離開了球場。

比賽最後到我都回到宿舍，洗好澡整好隔天的背包後才勝負出爐。羅德在十一局拿到超前分勝出。算了算，我兩天加起來，好像也就看了十一局沒錯。

慰靈紀念日

六月二十三號是沖繩的慰靈祈念日，當初沖繩戰爭時，指揮沖繩日軍的牛島滿見大勢已去，在這一天切腹自盡，同時宣告沖繩陸戰的系統戰爭結束。於是不同於日本本島的和平祈念日為日本降伏的八月十五號，沖繩對死者的悼亡活動則是選在六月二十三日舉行。

沖繩有許多與日本不同的節日行事，這也是其中一項。以前還看過一種說法，將沖繩戰爭評為「撕裂近代日本與沖繩的關鍵」。

教授沖繩史的老師開了個團，當天包車帶同學參訪介紹沖繩戰為主題的和平祈念公園。本來我也想去，不過早已接到金城的通知，那一天公費生需以「留學生代表」的身分參加慰靈儀式，地點就在該公園區域內。

「這次典禮中安倍晉三會來，知道安倍是誰吧？就是日本首相，日本地位最高的人。還有沖繩縣知事也會在。大家都是代表自己國家的留學生，千萬要注意禮節喔。」

之前金城形容沖繩縣知事也是用「沖繩縣地位最高（偉い）的人」形容，但對習慣漢字的我來講，這個字並不會只有身居高位之意，所以聽到時總覺得怪。也許對外國人來講，這樣應該比較好說明吧。

「另外，會場當天會聚集很多人。其中應該會有些比較激動的，像是喊著『安倍滾回去』之類的人士，大家千萬要小心自身安全。如果有媒體採訪問你問題，也不要多作回答。」

既然是公費，那金城擔憂這種事情也是理所當然。大概吧。

到了當天，確實有在會場的周遭看到所謂鬧事者在入口圍欄處附近叫囂，似乎叫罵著「為什麼不讓我們進去啊？蛤？」並作勢想要硬闖，但現場也有大批警力在守著。不過我個人的判斷認為，他們應該和會喊「安倍滾回去」的人不同掛，原因在他們的衣服上清楚繡上了大日本旭日旗。

而在更外圍，反而是看到許多人，特別有不少上了年紀的，靜靜拿著反對美軍基地、要求徹查沖繩戰日軍責任歸屬的牌子。

他們當然會抗議了。不用太多，大概知道一下沖繩戰的歷史，參觀過此處的和平紀念館，就完全會覺得理所當然。他們距離會場有段距離，也許要是安倍的隊列經過他們面前，應該也少不了激動場面吧。

我們一群留學生別上識別牌子，跟一朵緞帶，通過檢查進到會場，就比較感受不到外頭的吵雜了。會場是在戶外草皮上搭的棚子，我們坐在面向舞台的右側，靠中間不前也不後的位置。其實也沒有要幹嘛，就是一個代表出席的名目在這邊，坐到時間結束。

安倍演講了，這是我第一次現場看到他本人。內容來講實在沒什麼特別的，他說這是很有意義的日子，說知道沖繩戰後復歸後還是有很多問題要解決，說還是會盡力去處理問題。現場沒什麼反應，我自己也聽得肚子很餓，因為現在是午飯時間，又沒什麼值得注意的東西引開飢腸轆轆的感覺。

安倍之後是沖繩縣知事上台，姓翁長。我對這姓氏很有印象，搭乘從琉球大學開往那霸的公車時，其中一個路段貼著帆布條，控訴這位翁長知事「阻止美軍基地，是為了準備迎接中國解放軍進駐沖繩」。即使我也沒那麼懂沖繩情勢，但這麼扯的東西想當然耳可信度如何，現在想來搞不好就是外頭繡旭日旗那批人掛起來的，漫無下限的指控還真是到處都有啊。

現在這位翁長知事上台了。他一樣說了基地問題，一樣說了會全力解決。和安倍不同，這次在場的來賓爆出如雷的掌聲，偶爾穿插著「加油！」之類的吶喊。不禁覺得難怪會有那塊帆布，而且果然沒有用呢。

還有剛退場的安倍，不知道他心裡在想什麼。我的意思是，憑他能當上日本首相，這個反應不太可能會在他預料之外，但他為何要來？只是應付例行公事嗎？但好像過去的慰靈祈念日也未必都要有首相出席，那他是在盤算什麼呢？

可以確定的是在場這裡，應該沒多少人真的覺得他是個「偉大的」人物吧。

＊

結束吃完飯後，下午還有另外一個行程，要到附近的自治會館參與一場沖繩戰為主題的活動。在場有幾位看起來像是大學生的當地人，他們準備了一些簡報和照片，再重新簡介過沖繩戰爭的來龍去脈後，十幾個留學生被分為四個組別進行討論。

一位來自阿根廷的同學說，其實她不太懂「世界大戰」是怎麼回事。雖然歷史課本上有教，但果然還是和沖繩這樣四處都是明確成為戰場，四處都是戰爭遺跡有天壤之別，她沒辦法感受到那是怎麼回事。

——以上這段描述是我擅自的理解。實際上她就只講不懂，世界大戰似乎和她們的國家無關，如果不是足夠委婉，會讓人誤解她似乎對這話題厭煩的表達方式，那些費心準備的學生也顯得有些錯愕。但也許這不是惡意，就我對這位同學的了解，她很可能只是因為日文不夠好才會講得太直接。

而且她說的倒也沒錯。當初取世界大戰這名字的，確實也沒問過他們南美洲人的意見。

「那麼，朱先生呢？您是從中國……台灣、台灣來的嘛，那您又是怎麼想的呢？」

我們每個人身上都有掛名牌，上頭有印國旗，所以我也完全懂對方一時間沒反應過來的原因。

我事先用手機查了陳千武的《活著回來》的小說封面，跟他們講這是一本寫當時台灣兵加入日軍去打仗的小說，告訴他們台灣雖然沒有像沖繩一樣被攻擊，但有在日本統治之下，不少人受徵召被派遣到各地打仗。另外，雖然最後遭到攻擊的是沖繩，不過當初美軍的計畫內，台灣也曾經是目標之一。因此對台灣而言，沖繩戰也不是什麼與自己毫無關係的事。

「但是，雖然現在來沖繩玩的台灣人很多，不過知道沖繩有這段過去的人很少呢。甚至還有人會跑去看嘉手納美軍基地，看戰鬥機飛行很帥……」

可以的話，我是真的想帶每個來沖繩玩的人，起碼去看過一次和平紀念館，或者姬百合紀念館，特別是第一次來沖繩的台灣人。

顯然我不太有可能當一個稱職的沖繩導遊。

結束之後，某次沖繩文化課，我跟老師提起在慰靈典禮上安倍和沖繩知事演講後觀眾有落差這件事。老師笑了一下，說：「對啊，是沖繩知事講的，大家都就會想幫他加油。但是安倍喔，嗯，就是個不能相信的人啊。」

果然，用「偉い」形容安倍就是有些不太對勁，不是我的錯覺而已。

Haisai Uchina

地方決賽

人真多啊。

在台灣沒看過一場高中棒球比賽會有那麼多人。這想法當初看首里和八商工比賽時就有，只是今天人又更多了。

目測今天圍繞在那霸球場邊的人潮可不比當初辦職棒比賽時少，光是為了排隊買票入場，就在太陽下曬了十幾分鐘。一旁還有顯然是被人潮吸引來的小販，連吉野家都在此擺攤叫賣牛丼便當。

今天七月十六日，沖繩區高中棒球預賽決賽，興南高中對上美來工科，贏的隊伍將會是本次沖繩縣冠軍，代表全縣進軍甲子園。

——終究還是看到興南的比賽了。

當初早稻田實業來交流那次沒看到，後來雖然

排隊等著看決賽的觀眾

地方大賽開打，但總是沒能去成觀戰。其實這週也才向學校請了假，去東京陪同來日本旅遊的家人，直到昨天才回到沖繩。昨天是準決賽，如果興南在此之前就遭到淘汰，那麼我也會再次錯過一睹這支沖繩強豪的機會。

在買到票券後，離比賽開始還有一點時間。一塊「野球資料館特別展」的牌子吸引了我。原來趁著今年沖繩代表即將誕生的這兩天，那霸球場同時也開放此處的棒球文物展間，入場免費，倒是不曉得為何沒有常態開放。

裡頭其實不大，兩間房。一開始先介紹去年的冠軍校嘉手納高中，接著大字板介紹沖繩棒球的演進與物件展出，多半與高中有關。例如第一次登上甲子園的首里高中、《改變沖繩的男人》栽弘義教練和沖繩水產的豐功偉業、還有二〇〇六年來自離島中的離島，八重山商工打進甲子園的相關照片，有如沖繩高中棒球的時光隧道。

其中在展場佔據最大篇幅的，果然還是二〇一〇年興南高中拿下春夏連霸之事。當時的報導貼滿了整座牆，詳細的記載興南當初打進甲子園之後，是怎麼一場場連戰連勝，最後踏上日本的頂點。相比之下，另一頭展示二〇一四年在沖繩舉辦的美日明星賽物件，雖然是聚集了美日兩國重量級球星的一大盛會，還有全部球員的簽名等豪華紀念物，可在展間的存在感還遠不如興南的甲子園冠軍。

——雖然是高中，但這份量簡直就像是國家隊。

報導中稱當初的王牌島袋洋獎「入魂七八三球」，以往我對投手丟太多球這種事是很有意見的，畢竟那會大幅增加受傷風險。雖然我現在還是覺得這不是好事，但至少稍稍理解如此燃燒的理由何在。

第二個展間則是從頭說起沖繩棒球史的故事。其中一則「島田杯」的記事吸引了我。「島田杯」的名字來自於一九四五年上任的沖繩縣知事島田叡，此人雖出身自兵庫縣，但他在已知沖繩即將捲入戰爭的情況下，抱著必死的決心赴任沖繩知事，盡力疏散民眾與確保糧食，並與台灣連繫取得了三千石的蓬萊米。之後還在日本軍方打算撤出首里時，擔心戰線坡及更多百姓而反對，無奈當時日本軍的方針是能拖就拖，因此沒有理會島田，最後他在戰亂中亡故，而為了紀念他，沖繩也將秋季的高校新人大賽獎盃命名為「島田杯」。

——連這裡也有沖繩戰的痕跡啊。

時間差不多了，我離開展間，門口人員詢問我是否願意協助填寫問券。寫完之後我心想，不曉得來這裡看過的台灣人多不多，他們看到台灣人來參觀又有什麼想法。還有，雖然不比東京巨蛋的野球博物館，但能做到這程度也稱得上精美了，台灣應該也要有不止一個這種內容的棒球館。

因為填寫問券的關係，拿到一張那霸球場的紀念貼紙，我想都沒想就把它貼在手機套上，進到球場。

＊

比賽開打還不到一小時，幾乎就可宣布勝負已分。

興南在前三局就攻下超過十分，也把美來工科的王牌山內慧打退場。另一方面，興南的投手宮城大彌是個左投，雖然僅僅是一年級生，不過球速已經可以穩定的控制在接近一百四十公里。控球也在水準之上，就算偶爾有被安打上壘，還是繼續很乾脆的送出好球，拿下一個出局數，也幾乎宣告這不會變成你來我往的打擊大戰。

用棒球常識來想，這樣的比賽要翻盤機率微乎其微。

宮城才一年級。像興南這種強校，即使他出狀況，也不可能沒有其他主力選手能隨時支援。翻閱大會所製作的各校點將錄，特別欽點的主力投手群中甚至沒有宮城的名字，而是認為川滿大翔和上原麗男兩位三年級生會扛起重任。

這兩位都有在場上，只是身分是打者，負責扛起中心棒次——也許我不會看到這兩個人投球吧，在美來工於七局終於是攻下一分，但又很快被抓到第三個出局數後，隱約就感受到宮城應該會投完這場比賽。

果然。到了九局下半兩出局，宮城依舊站在投手丘上。最後一位打者，先是兩顆變化球讓打者出棒，最後一球則是外角快速球，打者依舊揮空。再見三振，依舊對他的球路毫無辦法。興南高中確定拿下沖繩冠軍。

伴隨著全場的歡呼聲與掌聲，兩隊整隊互相敬禮，接著播送興南高中校歌，之後兩隊又分別向觀眾敬禮後返回休息室。即使在觀眾席上，都能清楚看到不少美來工科的球員在拭淚。

「每一位選手都潛力無窮，這是他們靠自身的努力贏得的比賽。」

興南教練我喜屋在賽後接受採訪時這麼說，也稱讚投出完投勝的宮城：

「以一年級生的身分，能在這種大場面下投到最後，真的好的沒話說。」

對手美來工科也沒忘記：

「包括今天對戰到的美來工科也都是優秀的隊伍，顯示沖繩現在的棒球水準是與日俱增，希望以沖繩代表的身分，在全國舞台上讓大家見識沖繩棒球的水平。」

說的是很客氣，不過想起之前看首里以一比〇力克八重山商工，相比之下今天的比賽，則完全展現興南不輕易將王者之位讓出的氣勢。啦啦隊的聲勢也浩大許多，兩邊的應援團都在內野有一塊區域，整場吹奏聲、加油聲不絕於耳。美來工科曾在已經大幅落後的某個半局，用一記漂亮的回傳球在本壘擋下興南跑者，這個美技也獲得全場不分你我的熱烈掌聲。

該回去了。正當走出球場，好像聽到有人叫喊，又看到有人群朝著幾個點移動。接近過去才發現，原來是報社早準備好比賽結果的號外，在球場外四處派發。上頭文字簡略了介紹比賽過程，附上逐局比分，還有兩隊交戰的一些照片。而我只不過在比賽結束後，稍微耽擱幾分鐘聽教練說了什麼而已。

——效率真驚人。

來沖繩也已經幾個月了，如此效率並不經常出現，證明他們有多關注這場賽事。

——為什麼呢，明明只是場高中球賽。

似乎很有意思，研究看看吧。

賽後立刻發放的比賽快報

伊江島

並里婆婆的房子就在城山山腳下。

城山位於伊江島中央。很多觀光客其實都看過伊江島和城山，因為它就在大名鼎鼎的美麗海水族館對面，只要往海上一望就肯定看得到。只是大多數人在匆忙趕著進水族館之下，也許就忽略掉這一幕，更別說親自到過島上了。

如果不是因為公費生的活動，我大概也不會踏上這座沖繩離島。我們以「民泊研修」的名義，入住到伊江島上的並里婆婆家，將在此島待上三天兩夜。

我本來就是第一次來沖繩，而來到沖繩群島中的離島更是第一次中的第一次。今天一早才從琉球大學起來，先花上兩小時驅車到達本部港，

伊江島一景，中央處即為城山

接著再搭船約半小時抵達伊江島。此時已經接近中午時分。

「你們從哪裡來的呢？」並里婆婆問我們。

我是台灣，和我同組的比嘉 Shawn 來自加拿大，也是琉球大學的學生。前外間 Lio 則是阿根廷人，他是為了學習製作太鼓而來到沖繩，本身也會打。

十四名公費生就只有我們三位是男性，也因此被排在同一組。並里婆婆開車在港口迎接我們，她看上去明顯有年紀，但精力倒還沒老。第一站就先到她們家，一棟簡單的二層樓小房。另外有個小庭院，有簡單的果嶺，再過去一點有牛棚，真的有養牛那種。

「我們家老爺子喜歡牛，他養一養，還會帶著牠們去本島比賽。牠們還喜歡吃火龍果，如果剛好摘了火龍果回來，牠們看到都會吵著要吃。」

包含之前在群馬，或者幾次在本島旅遊，連我自己都很少看到有火龍果。想不到這裡不只有，還連牛都會吃。

婆婆招待我們午餐，內容是拳頭大的海苔飯捲、豆皮壽司與三角飯糰，每人每種各三個外帶一碗生菜沙拉。每一種都很美味，量也足夠塞滿我們幾個大男生的胃。

「有吃飽嗎？別客氣盡量多吃。」

飽食一頓後，她接著開車，載著我們在伊江島繞上一圈，簡單的認識一下。沿途並里婆婆經常停下來和路人打招呼，隨後再跟我們解釋，剛剛那個人是她的某個朋友、國中同學、或者社團後輩。

「該不會伊江島的大家都互相認識吧？」我問並里婆婆。

「以前是幾乎都認識喔！不過現在漸漸地也有本島居民搬到伊江島，像是從那霸搬來的人，所以現在比較多認不出來的呢。」

我想到之前和其他人聊時，講到「本島」、「內地」通常都是指日本本州，但在伊江島提到「本島」，指的卻是沖繩本島。

和沖繩相比，伊江村不僅更小得許多，人口只有幾千。田地與自然散在島嶼四周，在這個牛比人多的地方，在路上看到牛隻閒晃自然不稀奇，給人一股放鬆的氣氛。房子很少，兩家全家是島上唯二的便利商店，而且都開不算久，至於沖繩本島隨處可看到的サンエー超市或其他習以為常的連鎖品牌，在這邊是完全沒有蹤跡。

「不好意思，這邊沒什麼東西，不像那霸一樣那麼繁榮。」

「不不，這樣挺好。」

我在城市已經待過夠久了。

後來，我們去了アハシャ洞、千人壕。兩個都是沖繩戰時給居民躲藏的地方。アハシャ洞非常小，大概就像是一間公寓套房大，但據說戰時躲了一百多人，這麼點地

方要站那麼多人還真有些難以想像。然而，最後僅有二十幾人活著離開。並里婆婆說她知道其中一位，對方幾年前才剛過世，活了超過一百多歲。

而「千人壕」是個懸崖下的洞窟，在崖上高處會以為是斷崖，實際上底下卻有相當大的空間，崖上的視角也並不容易察覺到底下有個洞，因此當時庇護了相當多躲藏的居民。如果不去想這些，斷崖、洞窟和蔚藍大海交錯而成的這裡，是個絕佳的景點。

恩尼·派爾的紀念碑也在伊江島。這位足跡遍布世界戰場的二戰記者，當初在此處遭到射殺。也許與其他人不同的是，我第一次看到他的名字，是在一本介紹沖繩戰後劇院的書上。該書提到為紀念恩尼·派爾，美軍在戰後成立的第一家戲院便命名為「恩尼·派爾國際劇場」，此劇場附近後來日漸繁榮，劇場便成為該區域的標誌建物，於是劇場前的那條大路，就被叫做「國際大街」，這名字就此沿用至今。

「我小的時候啊，經常看到美軍的人在這個紀念碑附近舉辦派對，看著他們手上總是會拿著一個食物，以前沒看過但看起來好好吃。後來才知道，原來那個東西叫做『漢堡』。」

說到美軍，就看到一塊老舊的看板，但依舊能清晰看到上頭的字樣，依然是抗議美軍基地。內容如下：

敬告美軍：

一、即刻歸還土地，這裡是我們的國家、我們的村莊、我們的土地。

二、記取侵略者伊藤博文、東條悲劇的教訓，你們所愛的家族正在美國等著你們

三、聽取神聖農民的良心忠言離開，美國將榮耀永世，你們也將幸福的活著

持劍之人終將為劍所弒（聖書）

坐擁基地之國將為基地所亡（歷史）

一九五五年五月　伊江島土地守護協會

和過去在琉球大學所看到的完全不同風格。考慮到寫的年代，現在看來雖舊但字跡仍相當清晰，看來這個協會到現在仍然持續活動著吧。

＊

第二天不像一開始還得趕車趕船，行程比較放鬆，炎熱酷夏下我們早上先去了海邊，接著爬上中央的城

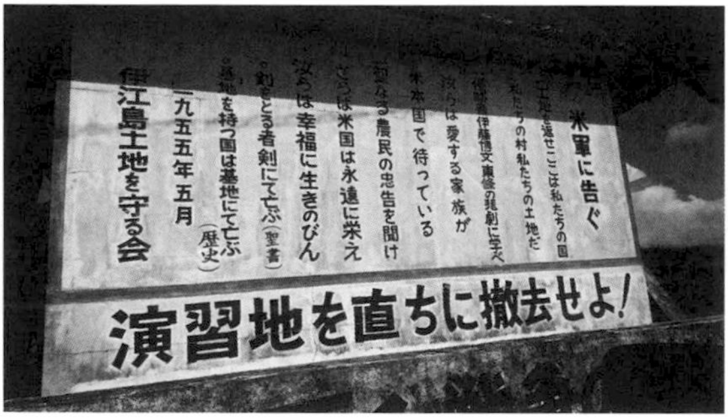

抗議美軍基地的牆面

山。

以台灣人標準，城山的高度算不上真的山，爬上去才幾百階而已，頂多小丘。可是伊江島就這麼一地高處，自然登城山而小伊江，雖然伊江本來就不大。據說是當初板塊擠壓時，其他部分都是往下沉，唯獨這一小塊折到似的往天空突，才會變成現在這個特殊樣貌。

山頂自然也不寬敞，但能一眼看遍大海和純淨的小島村，如此自然之美自也讓人流連再三。

晚上吃烤肉時，並里婆婆拿出一塊牛排，是本地產的伊江牛。我想應該不是她家裡那幾隻才對。平常行事低調的 Lio 這時自告奮勇說他會煎牛排，我這才曉得原來他在家鄉的日式餐廳工作過，於是這塊肉就交給他處理。結果甚為驚人，吃起來簡直不輸在那霸餐廳吃到的石垣牛排。這是 Lio 讓我感到第二驚奇的事，第一驚奇的是他有寶可夢日月版八百多隻圖鑑全收集完成的遊戲紀錄。

並里老爺子也在，沒講什麼話。並里婆婆會和他說些話，但用的是伊江島的方言，連跟沖繩方言都不太一樣，所以我們都聽不太懂。這兩天帶我們四處逛的都是並里婆婆，她說老爺子腿腳不方便，精神上也沒有並里婆婆來得好。這兩天晚上都有看到並里爺爺在看電視，是樂天對西武的比賽，看沒一兩局似乎就睡著的樣子。

我想到屋子裡面有一區，擺滿了像我們一樣來並里家homestay的年輕人的照片或留言。有日本本島人，也有韓國、台灣來的。她也提過送走我們之後，下一批的人就在下週又會來，希望那時天氣能也像這幾天那麼好。不過也好久沒下雨，牛吃的草都枯黃了，希望中間能下點雨。

也許這些活動，就是並里婆婆到這年紀，還如此精神的原因吧。

＊

第三天我們起得比鬧鐘先。金正恩一早發射了飛彈，全日本的手機都響起警報。我們到稻草田裡幫忙收割了些牛吃的草。這是三天下來，我這個都市來的廢物唯一有幫助到並里婆婆的事。

下午的船班回程，最後一趟午餐吃塔可飯，新鮮的蔬菜、番茄和起司加上辣肉燥，簡單又好吃，就是和外頭賣的不一樣。

一邊吃一邊電視在播，金正恩飛彈射擊的新聞一則又一則，播完接政論型節目還是同個話題打轉。

「和平真的很好啊。」並里婆婆說。

她說當初也有認識的長輩被派發手榴彈，差一點就要自殺，但因為沒有爆炸，幸運的活了下來。

「婆婆您經歷過沖繩戰爭時期嗎？」

「不記得了，但是我小的時候，有一次在港口等母親。那天是物資船到達伊江島的日子，很多人都在港口。突然間有爆炸聲，是船那邊傳來的，港口和船上的人都被炸傷，我就差那麼一點也會被炸到。後來才知道，那是他們在處理沒使用到的炸彈時，不小心引爆的。」

很快就查到這是「米軍爆彈處理船 LCT 爆發事故」，發生於一九四八年。後來並里婆婆送我們回港口，告訴我那裏有一塊石碑記錄著這件事。

像這樣與戰爭相關的石碑也不是第一次看到了。一九四五年代，說久遠也不是多久遠，要是那時發生什麼差錯，可能我就不會在婆婆家中吃烤肉、塔可飯了。

「這幾天很開心，歡迎你們再來伊江島玩。」

最後大家十幾個留學生，跟所有參與的寄宿家庭

抗議美軍基地的牆面

來張大合照。除了我們留學生的布條外，他們也有一張布條上寫著「伊江觀光振興協會」。我們是公費生，我想這就是他們會讓我們到此的原因。

可話又說回來，這三天的盛情款待，實在太難回報了。後來當有人問起我沖繩哪裡好玩時，我都會試著告訴他們伊江島的事。

「就在水族館對面，有船班可以搭，可以當天來回，租的車子也能上船。那邊看海玩水都有，中間城山拍照非常漂亮。」

每次我這麼說，心裡想的都是再講幾次，實在都有對不上那無法取代的三天。

希望趕快下點雨吧。在船上看著越來越遠的城山，無能的小小的祈願。

沖繩・生活

就職

當初來沖繩，選擇的是半年留學外加半年企業實習的獎學金計畫。於是下半年得離開琉球大學，到東洋企劃印刷公司報到。

公司位於沖繩南部的糸滿市。即使事前做好一定的心理準備了，但到了真的要離開時還是一片忙亂。金城安排的新住處在離公司步行二十分鐘左右的地方，搬家當天負責帶我過去，出發一開口就先說新的宿舍沒有網路，不是說要自己付錢申辦，而是連線路都沒有，要裝就一切從頭來的那種。

「沖繩很多公寓都這樣喔，很正常的。」金城這麼解釋。

好巧不巧，眼前就開過一棟掛著布條，上頭寫著招募房客，入住就享有免費網路等等的優惠。說巧是因為剛好就在這個時機出現，說不巧是也許人口外流，房客招募不易的關係，提供類似條件的招租在沖繩早見過不少，就連琉球大學附近都能常常看得到。

等到實際抵達，才發現沒網路根本事小。那是一棟外表斑駁，約三、四層樓的老舊公寓。我在沖繩看的舊房子不少，但破舊到這程度，還隱約透露出一股住在裡頭也許會有安全疑慮氣息的房子不多。而更有甚者，自然就屬到房間前，走過的那道各種水管電線大剌剌的裸露在眼前的走廊了。

金城拿出鑰匙開門：「很不錯的房間喔，很寬敞喔！」確實，裡頭絕對有我在大學宿舍的兩到三倍空間。但是只有空間大能說而已。當初我剛進琉大，房間裡有一張簡單的金屬床架、堪用的衣櫥、一張書桌和椅子，房間外則有共用的洗衣機與烘衣機。而現在這些東西我一個都沒看到，裡頭就只有，呃，什麼都沒有。

瞄了一眼金城，他一臉也是他第一次進到房間，並且因眼前景象感到吃驚的神情。

「那邊有個有裂縫耶，沒問題嗎？」

我指著陽台問道。金城想就近看一下，結果紗門卡住拉不開，幾番拉扯之下才終於打開紗門。

「如同我之前說的，這次的房間有點老舊……」金城說。

「嗯。比我想像中的老舊很多。」我說。

「真不好意思。話說回來，這間公寓的租金，還是比學校宿舍貴喔。」

真巧，在台灣，外面的租金也通常比學校宿舍貴呢。

這就是我下半年企業實習，直到回台灣之前要住的地方。幸好附近不遠處有家具賣場，趕快把基本該有的都處理一番。過程中還有一位台北駐日代表處那霸分處的林女士幫忙張羅，才總算把房間裡頭弄得像話一點。還有那個壞掉沖不了水的馬桶，我打給金城反應時，還被反問是不是我馬桶沖水的方式不對。直到連絡房東，房東再請來水電師傅來檢查後，才說早就壞光光了，直接整個打掉重做。

正式到公司上工前的這段期間，就這樣忙忙碌碌中過去了。要說有什麼好事的話，就是在這團亂之中，沒空去擔心緊張該怎麼適應公司了吧。

*

到了公司，我先拿到的是一個資料袋，裡頭是一些公司的基本資料，例如公司組織分布、成員名單及照片，二〇一七年的行事曆等等。

我在公司的負責人是之前曾在事前接應時見過面的名嘉山，由資料表就可知道他是製作部門的人，我也是被安排在該部門。報到第一天，他就帶著我在公司內到處認識環境，大致上來說公司分成辦公室和廠房兩區。我以前進過影印店，但沒進過印刷廠，裡頭各種好像很厲害的大型機具滿是開了我眼界。

觀察一陣子後，大約的理解是：這並不是一間典型的出版社，而是以「印刷品」為中心發展的公司。出版業務包含在其中，例如旗下營運的兩本季刊《porte》和

《momoto》。除此之外，另外會與其他作者合作出版其他書籍，例如我在書庫就有看到仲村顯的書，他是研究沖繩歷史文化的學者，名字在琉球大學的校園書店也看過。還有看到一些沖繩史課本、沖繩文化的相關書籍。然後公司也會接一些製作廣告傳單、海報等東西的案子，經常能看到製作部門的人都開著美術設計軟體，完成後把資料傳給印刷廠製成實品，再裝成一個個紙箱送貨。

我去過一些台灣出版社的辦公室，雖然樣本不多，但是像這樣隔壁是自己印刷廠，東西好了自己馬上印好出貨的倒是沒看過。

公司本身表訂早上八點半開工，下午五點半收工。當然了，我聽到的建議是最好比這時間早十五分鐘以上到會比較好。事實上在八點二十分左右，社內就會廣播請全體同

東洋企劃印刷的印刷現場

仁集合，接著會進行晨間體操集朝會。朝會上，會先由當天的「值日生」宣讀三條社訓和三條經營理念，接著朗讀一則《職場的教養》文章，大約落在兩、三百字左右，內容則是心靈小語的辦公室版，例如某A君有一天修正了一個壞習慣，結果工作效率變好了，心情也愉快起來之類的小故事。

等朗讀結束到最後，就是員工的報告時間。若是近日有可能不到公司，或者前面有臨時請假的都會報告。還有在當日工作時間內因公務外出，或必須使用會議室等等，也會在挑在這時先告知，作為提醒同仁之用。

「昨天因為病假在家休養一天，謝謝大家在工作上的協助……」

「下午開始會前往浦添市採訪誰誰誰，所以人不在公司，有任何要事還請打手機聯絡……」

「〇〇公司的負責人將會在早上十點到訪，預計將使用會議室兩小時，請各位見諒。」

我正式開始在公司說的第一句話，也是從朝會開始。由名嘉山簡單報告了今後將有一名研修生在公司實習後，就輪到我的自我介紹時間。

「大家好，我是朱宥任，來自台灣，今天開始到明年二月約半年期間會在本公司實習，請大家多多指教……」

一開始當然是很緊張的，但後來很幸運地發現大家都很客氣，名嘉山也經常會跑來問我說，最近有個什麼樣的案子，可能是訪問誰或者什麼活動的採訪，我有沒有興趣去看一下。偶爾我會被叫去幫忙一些小雜務，例如剛來不久的某次，有個給某購物中心的手冊印錯了，必須以人力一本本重新把正確的文字貼紙貼上去，名嘉山就問我有沒有空，而我當然也立刻說可以。

一邊做這種手工，一邊和其他一起幫忙的同仁閒聊，正是認識大家的好時機。原來公司裡去過台灣的不多，大城社長夫婦去過，《porte》的主編真喜志去過。同樣是《porte》編輯舟橋雖然沒去過，但他知道台灣「有奇怪的公仔和娃娃」，就是那種出沒於一些夜市和紀念品店，然而一看就知道沒獲得授權，樣子也歪七扭八的盜版品。舟橋倒是對這樣的詭異人偶頗感興趣，想知道之後員工旅遊是不是有機會入手幾個。

不過也有的人不只沒去過台灣，甚至也沒出國過，還很驚訝我的日文好到可以聊天。我倒覺得很多在日本留學過的人，口說要達到我的程度並不是件難事，我過去在學校或台灣，都碰過不少日文比我出色的人。不過在這裡，確實我是唯一一個會說中文的人。

有一天早晨我還沒進辦公室，一台車就在公司大門邊把我攔下，車窗搖下來居然是大城社長。原來那霸縣立圖書館有個夏威夷沖繩合作的活動，紀念雙方的友誼及弔念戰爭期間死者等等。由於場內部分印刷品是我們公司製作的，因此社長夫婦也受邀出席，我就這樣被一起帶過去。

活動結束後，社長問我每天怎麼來公司上班，我回答走路，公寓住的並不遠。他問我說住哪後親自開到了住處那邊，一看外觀就衝口而出：「怎麼會是這樣的房子啊！」接著皺著眉頭一路開回公司，一邊碎碎念著，嘛不過這也是一種經驗吧，附近那個什麼公寓應該更好吧，奇怪財團是沒有錢嗎等等。

幾天後名嘉山跟我說，要帶我去腳踏車店，社長撥了一筆款項指定要去幫我買台腳踏車。「有腳踏車之後，每天就能更快來上班，也可以四處閒晃了，對朱君來講是件好事吧！」

於是我就收下了一台折疊式的新腳踏車。在我對公司還一無貢獻之際就受此大禮，本來稍微忘記的緊張感，這時又湧了出來。

《porte》與《momoto》

東洋企劃印刷編輯部所出版的《porte》是個介紹沖繩在地美食、特色小物、手工藝品店的休閒旅遊向雜誌。主編是真喜志先生，他是個打扮看上去就是很懂生活的樣子，也是公司內經常和我搭話的人之一。

我們經常在午餐的時候，一邊吃便當看電視一邊閒聊。午餐便當是在附近的攤子買的，那個攤子總是會在正午時刻出現，販售雖然不大份，但有四到六樣配菜，一盒三百五十日圓的便當。這附近廠房不少，只要稍微晚一點到，攤位前就會湧現排隊的人潮。

公司裡有些人會自己帶便當，或者到其他店面吃，甚至住處就在附近於是乾脆回家吃飯休息。大部分時候會去那個攤子光顧的，就是我、真喜志、舟橋和仲宗根四人。舟橋和仲宗根也是屬於製作部門的人，仲宗根老喜歡開舟橋的玩笑，舟橋也經常故意說笑裝傻。我後來才知道舟橋是真的有跑去參加搞笑藝人的海選過，而且公司搞活動時也常常編相聲段子娛樂大家。

真喜志來過台灣數次，說非常喜歡到台灣玩。在這之前，我對日本人說「喜歡台灣」這件事心裡是有個基準的，如果對方說的是九份、鼎泰豐和士林夜市這幾個答案，內心自然就會浮現「啊，看來是個跟團之類，只去過一兩次，或者都是那些重點景點吧」的想法。大部分我遇到的日本人都是提這些地方，就像第一次來沖繩的觀光客，大概也是水族館、國際大街、琉球村這幾個地方跑。

「台灣食物很好吃呢！像寧夏夜市的滷肉飯，還有金峰滷肉飯，水煎包也很好吃，那個站著吃的麵線也是。」

真喜志說。這倒新鮮了，雖然還是不脫名店範疇，不過以沖繩來比的話，至少算已經會找道之驛或 King Tacos 吃東西的等級了吧。

《porte》雜誌內介紹的餐廳不少，但為了配合客群「沖繩在住的二十五至三十五歲女性」所需的風格質感，選的店家多半還是會帶有一種時髦感或特色。原先一直覺得這並不和我的嗜好符合，畢竟我生性愛吃但又不怎麼講究，更不是二三十歲的女性。

不過有一回翻閱雜誌，一家叫「Zootons」的店倒是引起我的興趣。資料上可得知它是一家手工漢堡店。過去我在國際大街附近誤打誤撞的吃過一間手工漢堡，那味道不是連鎖速食店能與之相比的，包括我還算滿喜歡，在沖繩隨處都可見到的「A&W」這家美國品牌漢堡也一樣。

Zootons 也位於國際大街附近，就在其中一個岔路口鑽進的巷子裡。和這附近很多巷子一樣，明明只隔著幾公尺的距離，但來來往往的觀光客差這幾步就通通煙消雲散了。

找到招牌不太明顯的店家，裡頭滿滿的六、七〇年代的美國擺飾風格，心裡想著「啊舟橋應該會喜歡這個樣子吧」。菜單一打開，只有日文英文，沒有附圖，和幾公尺外那條街充滿又是漂亮照片又是中文的餐廳完全不同氣氛。

至於感想，早說過我不太懂吃，對吃的形容更是捉襟見肘，所以直接來吃吧。特意找這麼一趟完全值得。這又比我之前吃過的那家手工漢堡好。

後來我還在《porte》上看到一家台灣料理店，在宜野灣市。那家店我也去過，店長是台灣人，而在許多掛著台灣料理招牌，裡頭卻賣天津飯和油淋雞這種中式菜色的日本，該店確實販售著台灣口味的滷肉飯和榨菜肉絲麵，還有日本人無法抵擋的小籠包等餐點。儘管交通上不是那麼便利，但不失為一個解家鄉味饞的好選擇。

看來再給真喜志多去幾次台灣，搞不好會吃到我也不曉得的驚奇店家吧。

＊

平常在公司的工作，多半來自名嘉山、真喜志和舟橋等人的交辦事項。雜誌以外的事情其實比重較高，例如替攝影大賽的得獎作品集做資料分類，接受某市委託製作導覽手冊，需要整理合作商家的紙本資料等等。而事情處理得差不多的空閒時間，我就會去公司的書庫找些書來看。

有時書庫會有一些令人意想不到的東西。例如我找到過一本中國象棋基本教學書，作者是仲村顯教授。書中還大概講解了一些沖繩象棋的歷史，我看了才知道在戰前沖繩其實有不少人會下象棋，而現在雖然面臨下棋人口老化，但還是有相關民間團體在推動，而且部分高中也有象棋社。

不過最令人驚訝的一本書，還是《momoto》雜誌某期的台灣專刊了。有別於《porte》主打悠閒的旅遊路線，《momoto》則是走專業路線的文化誌。在最新一期「沖繩麵特輯」專刊中，除了簡介了沖繩麵的起源說、列舉了沖繩各地與離島間不同的製麵方式之外，還介紹藉由沖繩籍移民傳遞到世界各國的沖繩面樣貌等等。

而令我大感驚奇的《momoto vol.17 又懷念又新鮮的 台灣 × 琉球》是二〇一四年一月發行的刊物，原先抱持著「會介紹台灣的什麼呢」心情翻閱的我，越翻卻越發現我這個自稱來自台灣的人，反而在這期雜誌中讀到許多過去不知道的事情。

書中一開始就很敏感的發現到，在台灣機場的標示中，是以「琉球」來稱呼沖繩的。而談到歷史部分，免不談了牡丹社事件。該事件台灣多以沈葆楨來台建設契機作為角度介紹，但對琉球而言，當初事發後獲得清朝公開賠款道歉的日本，也等同於獲得清朝正式認可琉球屬於日本一事，於是便在事後進一步廢除了琉球王國，改立沖繩縣。

雜誌裡頭還介紹了日治期間在台擔任鐵路技師的照屋宏、曾想藉助國民黨力量協助琉球獨立的新垣弓太郎等與台灣關係匪淺的沖繩人物。而除了歷史之外，雜誌還找到了許多戰後移民至沖繩及離島的台灣人、在台灣旅居的沖繩人士、以及當時正在台灣發展藝能事業的沖繩年輕人 Takeshi 等人進行訪問。

這麼多我想很多台灣人都未必知道的資料，到底是怎麼入手的呢？抱持著這樣的疑問，我問了名嘉山：「請問《momoto》的主編是誰呢？」

問了才知道該主編平常都不在辦公室內，所以我到公司幾個星期了，其實根本還沒看過她本人，不過在公司內提到她的名字「いのうえちず（inouechizu）」時，得到的評價都相當正面。知道我對該雜誌有興趣後，名嘉山馬上替我聯絡對方，並且表示她之後會有一個外派的訪問行程，屆時我會和她一起行動。

那天是訪問一個經歷過沖繩戰的老先生，地點在沖繩市，先是由名嘉山帶我到指定地點，Chizu 總編再來把我接走。如果說，初次見面有留下什麼第一印象的話，那一定就是她手上那個印著廣島鯉魚隊吉祥物「鯉魚小男孩」的手機套了。

果不其然，Chizu總編是個徹頭徹尾的廣島迷，我們的談話從「很可惜廣島輸掉了季後賽」開始就聊個沒完。這一年廣島隊在例行賽以壓倒性的成績拿到了排名第一，但在短期的挑戰賽中意外輸給橫濱海灣星隊，反而無緣日本一系列賽。Chizu總編抱怨廣島的教練緒方不懂短期賽有短期賽的調度，在臨場反應上輸給了橫濱隊的教練拉米瑞斯才會輸球。

不過讓人意外的是，Chizu總編不僅僅是廣島球迷，還是貨真價實的廣島人，而不是沖繩人。她說她很久以前去了塞班島，發現當地的沖繩移民非常多，也開始對沖繩文化產生好奇。後來來到沖繩做了自由寫作者幾年後，有一天突然發現到，沖繩在地的文化雜誌已經越來越少了，於是揪了幾個好友想討論後找上東洋企劃印刷，才開始編辦這一本《momoto》文化誌。也因為她和東洋的關係比較接近合作而非正式直屬，所以才不常出現在辦公室，朝會時也不會在。

當天的訪問應當稱得上順利，Chizu總編的提問顯然引起了老先生的諸多回憶。比較可惜的是他的日文口音很重，談話內容有七八成我是聽不太懂的，事後才聽Chizu總編說原本主要是想調查戰前沖繩的學校生活資料，不過老先生講到不少額外的細節，算是意外的收穫。訪談結束後，Chizu總編又載我回公司，雖然天色明顯已經是晚上了，我還是得回去打卡下班。

不能自己開車騎機車的規定有時還是挺麻煩的，好處是這段路上倒又多聊了一陣。

Chizu 總編問我：

「朱君是來自台灣吧？有個問題我不太懂呢，為什麼來沖繩玩的台灣觀光客那麼多呢？要說景色，台灣不也是很有海嗎，要說逛街，台北又比那霸繁榮多了不是嗎？」

其實我也不太懂這個問題。我當下還是回答了，說了最近沸沸揚揚的墾丁爭議，還有一些日本藥妝之類的購物風潮等等。但我清楚最根本的問題我也無法解釋的：台灣不是沒有好的條件，可是東西最後總老搞成那樣。

說起來，我離開台灣也是有一段日子了啊。

《momoto》雜誌

《porte》雜誌

送書

誠先生的後車廂滿載著一箱箱公司的書，以及夾雜的一些明信片、海報等其他剛出廠房的印刷品、和一台摺疊式手推車。

誠先生是營業部的人，本姓大城。一般在辦公室大家都是互叫姓氏，只有碰到他時是喊他的名字「誠」居多，我想應該是很不巧的和老闆撞姓的關係吧。

既然他是營業部的人，也就是說他和其他該部門的人一樣，平常可不容易在辦公室見到他的身影。他們負責把公司的東西賣出去，包括有時也需要親自將貨品送達到客戶手中，因此總是在外頭四出奔波。而我這一天被分派到的指示，就是和誠先生出去盤點送貨。

「可能會比較晚才下班，回來時記得打電話通知。」出發前名嘉山這麼跟我說。

他指的比較晚，標準是表定的下午五點半下班時間。大多數情況下我都會在那時離開辦公室，騎著老闆送的腳踏車回家。偶爾才會碰上有臨時交辦事項沒做完，所以想說先搞定再走的狀況（事實上沒有人要我做完才能走，也許是因為我只是研修生吧）。不過通常我離開時，辦公室內大概還會殘留七、八成左右的同事繼續奮鬥著，而離開的大多是工廠部門的人。以少數幾次比較晚回去的觀察來看，約過了六點辦公室才會比較明顯陸陸續續有人離開，而到七點左右差不多就走掉大半了。

但這只是我眼見所及。正如前所述，多數在辦公室時，是很難看到營業部人員身影的，所以我無法確定他們究竟是還在外跑業務呢，還是已經打卡下班了。

總而言之，我上了誠先生的車，開始了這天的營業部行程。誠先生的臉孔輪廓很深，給人已經有些經歷的感覺，但白頭髮不明顯。他跟我說話的方式很客氣，也會一再的解釋現在是什麼狀況，車子要開去哪裡做什麼。

「朱君是嗎？之前都沒有怎麼聊過呢，真是不好意思。今天要去送東西，會去北谷、沖繩市、那霸市幾個地方，有點多，大概七、八個點吧？這個時節就是比較忙一點，可能沒辦法照預期時間回去，還麻煩你跑來一起，真的是很抱歉……」

「不不，沒的事。我們會去很多書店吧？這也是很好的學習。」

「對了，午餐……不知道有沒有時間吃，今天行程有點趕，也許只能在便利商店買便當吃，實在很不好意思……」

「不會啊，我吃什麼都行，便利商店也不錯。」

其實對我來說，這反而是一種會令人安心的個性。

我們送書的點多半是連鎖書店，例如TSUTAYA和宮脇書店，不過偶爾也有獨立的書店點。正逢公司的兩本雜誌新刊出版，每當到了連鎖書局，就是抱上《momoto》和《porte》十幾本，以及宣傳海報走進店內，跟書店人員聯絡清點過後，把書交給店員或自己搬到平台上。

許多時候也會趁這時清點架上的書目。有的書店還殘留上一期還沒賣完的雜誌，就會在這時帶回公司。另外像《porte》有額外製作特刊，以旅遊導覽書的面貌販售著，以及其他本公司出版的書籍，這時也會順便確認架上的數量，如果明顯已經賣剩不多，就會提醒店長，詢問他沒有沒有再進貨的需要。

這動作讓我比較意外一些。一般書店就罷了，但連鎖書店至少結帳時都會掃條碼，我還以為會直接由電腦檔案確認就好，而不是人工方式清點。另外一個沒想到的地方，是在清點時，誠先生經常是不假借店員之手，直接親自拉出書櫃下的抽屜來數庫存的，也就是說這個翻動的動作，是公司或者誠先生和書店已經有的默契，這樣自己翻也沒有關係。

想到這裡，就突然理解為何有時剛進店門時，誠先生總是會向工作人員說明「這位是台灣來的留學生，目前在我們公司實習」了。

另外，在這些去過的書店之中，感覺宮脇書店的點是比TSUTAYA較多的，不過這一趟下來，規模比較大的一間書店是沖繩市的TSUTAYA泡瀨店。該店占了商場的整整一層，除了書本之外，還有提供相當數量的CD、DVD租借，以及有附設的小咖啡廳。不過我沒有看到遊戲相關的販售，我以前在群馬時的TSUTAYA是有賣遊戲的，後來才知道每一家賣的東西會有一些差距。當然，這家TSUTAYA雖大，但也沒有超過那霸的淳久堂書店。

而有別於連鎖店面，送書的點還包括了另外一些零星的獨立書店。有的是以提供附近學校為主的小書局，教科書、學術書的進貨會比較多。還有一間也是獨立書局，但店內擺設的書不多，而是明顯以文具為主。當我們到店裡時店長剛好不在，店面是鎖住的，緊急通知之後才一邊道歉一邊趕來。

還有一間是新舊書一起賣的店鋪，外頭擺著幾櫃的舊書出清，標榜一本只要三百、一百日圓這種價格，裡頭店面不大但書櫃擺得很滿，有點像是書的倉庫。

我們還是拿了一些雜誌進到店裡，但並沒有直接放到平台上，而是先給老闆看了再說。

「喔，這次主題是沖繩麵特輯啊。」老闆娘翻了翻最新刊號：「應該滿能賣的樣子，那就五本吧。」

於是就拿了這期的《momoto》五本給了店長。

我也趁著這次出來的機會，請教了一下誠先生各書店的販售狀況。果不其然，一般來講賣最好的點，還是那霸的淳久堂書局。不過很多時候也是看書籍內容來判斷，像以前曾經做過首里特刊，賣沒多久很快就要再補貨過。另外今年夏天做的是糸滿特輯，於是在糸滿地區的書店銷量也不錯。

看來主題是什麼還是很重要的。

書店之外，還有一些較為特殊的地方也有送，例如一些飯店的小賣部，或者各地的公路休息站、琉球玻璃村等觀光區的紀念品店之類。這些地方主要客源是來沖繩旅遊的觀光客，送的東西也多半是《porte 別冊》、以及印有沖繩風景或文化風格的圖片相片的手札、月曆等。有一間飯店比較麻煩，從後台進去前除了報備登記這些基本以外，還得先消毒漱口過才肯放行。

我們送書的最後一站，是離公司僅僅十分鐘的戶田書店。這也是一家規模不小的店面，而且附近就有 Ashibinaa outlet mall，是個有購物人潮的地方。我自己也常常到這附近，逛逛書店或者山田電氣店等等。

不過跟著誠先生來，這才第一次進到書店內辦公室。這家店的店長叫田中，是個戴著眼鏡，看上去約莫三十幾且斯文的男子。誠先生點過貨之後，發覺某幾種款式的手札已經所剩不多了，便向田中詢問是不是有要再進的必要。

「只剩三本嗎……好，那就再進五本好了。」田中說。

「五本啊，可是這週末是連續假期，中間沒有辦法來補貨喔。」誠先生說。
「這樣啊，嗯……好吧，那就補十本吧。何時能送來呢？」
「明天早上馬上送來給您。」
看似敦厚樸實的誠先生，沒想到還有這麼一手啊。果然是業務員。
離開戶田書店後，我問了誠先生：「那個田中先生啊，他應該不是沖繩人吧？」
「是啊，內地調過來的。看上去很年輕很能幹對吧，這麼年輕當就店長，不容易啊。」
我也漸漸變得看姓氏多半就能分得出來了啊。而說到不容易，我想在這年頭，可能做跟書有關的任何人其實都不容易吧，誠先生當然也是那其中的一員了。

台灣旅行

根據領隊稍早的說明，我們會在中午左右抵達桃園國際機場，開始東洋企劃印刷的員工旅遊：一趟三天兩夜的台北之旅。

現在十一月，是我才剛來東洋企劃印刷後一個月。

此時的領隊叫吉田，他說到達台灣後還有另外一名導遊會接應。大家不久前都見過吉田，那時他來公司報告台灣行程及相關的行前準備，也交代一些台灣旅遊的注意事項，例如不需要付小費、廁所衛生紙不能丟馬桶、盡量別在夜市買水果、且人多的地方記得顧好隨身物等等。

不過和這些事情相比，大城社長反而有另一個疑問：

「你叫吉田？你是琉球人（ウチナーンチュ）嗎？」

「是的，經常被這樣問，不過琉球人中也有少數姓吉田的。」

大城社長夫婦都去過台灣，他們最念念不忘的是烏來溫泉，這次也排在行程之中，不過大部分的點還是交由旅行社處理。《porte》雜誌的主編真喜志也對台灣不陌生，他特別喜歡逛夜市和吃滷肉飯。不過除此之外，去過台灣的社員不多，甚至有些人是還沒有出國經驗的。

「朱君有什麼特別推薦的東西嗎？」

包括這次在內，我經常被日本人問到這個問題。雖然答案通常會因對方嗜好調整，不過最近我最常提起的，是「水餃」。

「跟日本的完全不一樣喔，日本多半用煎的，台灣的則是水煮，餡料很豐富，口味也有相當多種，豬肉、牛肉、蝦仁、魚肉、玉米……」

說著我自己都有點餓了，畢竟我也好久沒吃到好的水餃。有一個同學在東京唸書，有回他就說，台灣包水餃的那些婆婆媽媽，就那麼剛好麵糰一拿，餡料一包，手勁比例都毫無分差，一眨眼就包完一大盤的技術，根本是堪比日本壽司師傅一般的存在。越是在國外久住後，我越認同這個說法。有次我在拉麵店吃過「水餃子」，點了上菜後，看到的是一團像是小餛飩的東西不說，那東西還泡在倒滿醬油的碟子中，上頭撒了蔥花和薑絲。順便說這東西五顆，價格是三百五十日幣。受過如此驚嚇後，同樣的錢後來一律乖乖拿去點煎餃或炸雞。

另外大家常在出發前討論的則是「臭豆腐」。大家都很好奇聞起來真的有那麼臭嗎，臭的東西能吃嗎。我則是會這樣解釋：臭豆腐有分湯的和炸的，後者味道沒那麼重，怕的話可以先從炸的開始。大城社長也說過炸的他OK，儘管一開始也覺得臭，但後來很快就習慣了。

至於臭豆腐引起討論另有原因，原來是大城社長老早就宣布，這次去夜市，請每個人要多帶一份餐點回飯店，用這些東西在房間內開個小小的宴會。而社長也早就透露，他準備帶回飯店的正是臭豆腐。

說起來我也是挺想念臭豆腐的，或者熱炒店那種炸豆腐。日本當然也有炸豆腐，且沒有水餃子那般嚇人，但吃起來感覺就是不一樣。這樣的事情多著就是了。

＊

一出機場，看到的天色可不怎麼賞眼，陰陰沉沉的。

一行人上遊覽車，導遊姓王，他在自我介紹時，用「王貞治的王」來解釋這個姓。知道我們是沖繩來的，還說他之前有個女友是浦添人，也簡單介紹了台灣的一些地理基本資料，看來接待日本遊客很是熟練。

因為下雨的關係，我們到達十分瀑布的時間比預期晚一點。大家倒是對一路上的景色，還有眼前的瀑布十分驚嘆。仔細想來，沖繩雖然海景是一絕，但論山景水色，確實不比高峰林立的台灣。

另一個讓人驚訝的，就是台灣物價了。一旁攤販上幾十塊台幣就能吃到的台啤和炸物讓他們直呼便宜，大夥兒一下子就買了一堆，挑個看得到瀑布的好地方乾杯起來。可惜的是因為還是有點雨勢，攝影師伊禮特地帶來的無人機無法起飛，想當初為了申報會在此處跟烏來使用無人機，還費了一番功夫。

一直到放完天燈離開十分老街，雨都沒有停下的跡象，路上也因雨勢塞得不像話。「感覺像回到下班時間的那霸」，不知道誰突然這樣說，大家都頗為贊同。

延遲了一兩個小時才到下一站的鼎泰豐。大城社長說他之前吃小籠包，太興奮一口咬下，弄得湯汁燙的他一嘴，這次特別叮嚀大家要小心吃。當然，這頓餐也奪得了一致好評，我也吃得很高興，久違重逢之外，在台灣要找到像鼎泰豐一樣客人逐年增多，卻還是好好維持住水準的店家可不是件易事。

但耽誤的時間擠到行程，最後也只有上一〇一觀景台，士林夜市得順延到第二天。事實上觀景台也是趕上末班車，不然我原先有提議額外抽時間，到附近的信義誠品看看，畢竟那都是台灣最具代表性的書店之一，當然這時間也不可能了。不過後來真喜志主編自己趁著連假，抽時間跑來逛了一次，還給我看他買的台灣時尚雜誌與誠品紙袋。

*

第二天到烏來，王導遊這回介紹的是台灣原住民，還播了《賽德克巴萊》和《KANO》兩部電影預告。其實霧社事件這件事和沖繩又是別有關連的，因為原住民大規模的暴動，使得當時政府注意到日警對原住民嚴重的歧視問題，於是為解此案，後來就優先採用相對不會對原住民有偏見的沖繩籍人士作為山地警察，而根據學者又吉盛清的調查，山地中亦有從事教育的沖繩人士，且相對於日本本島籍的人員而言，確實讓當地原住民留下相當好的印象。

我本來想替王導遊補充這件事，無奈麥克風一拿起來，車子剛好就到目的地，不過我想這也是他掌握好的時間吧。大城社長終於泡到他念茲在茲的溫泉。準備離開之時，製作部的仲田突然跑來問我，說他覺得這裡的拖鞋穿起來很舒服，想帶一雙回去，托我問店家肯不肯賣。店家開價兩百台幣。我在台灣買拖鞋是不會考慮這價格的，不過仲田倒是二話不說立刻付帳。

後來去烏來老街，逛原住民的特色商家，以及位於同處的歌舞秀。後者就不是我很喜歡的地方了，我想即使是在日本住慣的人，看到這裡的東西價錢，也大概察覺到有所蹊蹺。後來歌舞秀更是趁著氣氛熱烈，一一把人帶到舞台合照，裱框塞到你手裡後才開口要五百台幣。我看大家在店裡頭買東西時顯然不那麼有興致，但到這邊半推半就下買下照片的人就不少了。後來我們公司尾牙，這事還特別被剪在年度回顧的影片內，打趣的上著字幕「苦主舟橋中了美人計，誤入破財陷阱」。不過令人感到意外的，是店主知道我們一行人來自沖繩時，居然還能以琉球語對應打招呼。

接著是行天宮，對於沒看過台式廟宇的一行人來說也是嘖嘖稱奇，「似乎跟首里城有點相似呢」。但再來的去處我又挺困惑的，那是松山五分埔，大家很不意外的晃了一圈又出來，除了少數人跑去喝了攤子的咖啡以外什麼也沒買。按行程晚餐會到一家川菜館，然後出發前往士林夜市，我倒是疑惑，為何不乾脆直接去就在對面的饒河夜市呢。

當然後來還是照著行程走。到了士林夜市，輪到大城社長要大家各帶一道菜開宴的時刻。名嘉山一夥問我有什麼好推薦的，我心想大家都吃過晚餐，那麼帶個點心類的東西回去，一會兒瞄到有個老伯伯的狀元糕攤子，心想這就是了。回旅館後，這盒狀元糕很快就被吃光了，大城夫人尤其滿意。不過臭豆腐就不是那麼一回事了，即使已經是炸的，還是有人吃不下去，甚至有人一聞到味道就跑廁所吐了，大城社長也有點懊惱的樣子，我更是第一次知道真的有人會不習慣到連炸臭豆腐都一聞就吐的。

＊

連續兩天的陰雨氣候，在第三天總算是停下來露出點太陽。不過這一天在忠烈祠後，就只剩下故宮和伴手禮店兩個點了。故宮一如既往地人滿為患，王導遊帶著我們在人群穿梭，盡量把最有名的幾個文物都看過。看到這場景，就知道雖然最近我也會跟人介紹沖繩哪裡可以走走，可要當導遊恐怕是困難的。另外還有一個困難之處，是容易暈車的我，可沒辦法在遊覽車最前頭面對著大家交辦事情。

土產店在一個台北地下室的商場，裡頭不是很意外地散發出一種「本地人不會買這些東西」的氣息。雖然有些禮盒還算有點意思，例如「烏龍茶巧克力」，但店中一堆水晶石之類的東西就讓人滿頭問號了。我想我不是他的客群，公司同仁們顯然也對糕餅點心類較有興趣，那到底誰來買的呢？

我沒有想清這個問題的答案，倒是後來的一件事情，讓我發現誰喜歡什麼還真是無法預料。當初買下溫泉拖鞋的仲田，一天又跑來找我，說他想要台灣啤酒的玻璃杯，就是台灣在熱炒店隨處可見的那種杯子。他說他原先有帶兩個回來，但都意外摔破了，可是他覺得用那杯子喝東西特別順口，上網一找，才發現日本賣的人不多且價格不斐，所以才希望看我能不能幫他從台灣帶一些。剛好那時家人正準備來沖繩，就托他們上網買了盒六杯子裝的，才一百多塊台幣。仲田收下了杯子，但一直感到不可思議，這幾個杯子居然才沒幾百塊日幣就能買到。

而沒被幾天都不太作美的天色影響，大城社長似乎很滿意這次的旅遊，還說下次可以再去台灣，特別是台中、高雄、台南等其他點去逛逛。那時我的研修日程大概也結束了，但我倒是好奇這次誰又會看上什麼東西。或者當他們看到沖繩麵裡的那塊三層肉，居然被台中人拿來放在飯上，而且當作早餐時，會有什麼感想呢。

春訓採訪

「下一期的《momoto》的主題將是『沖繩野球』。」

Chizu 總編在編務會議上這麼宣布。之前我就常在想，沖繩棒球在日本也算是獨樹一格，有相當多有趣的地方，而 Chizu 總編又是徹頭徹尾的棒球迷，怎麼就沒看過以此為題的雜誌。而現在這一天終於要到來了。

這也代表我的日子將變得更加忙碌。時間剛跨進二〇一八，在不久前真喜志主編才跟我說，希望我能代為向台灣出版社推薦他們所編的《porte 別冊 OKINAWA TRIP》一書。這本以來到沖繩縣內旅遊的觀光客為主要對象，從過去《porte》所踏訪過的各店家中再精選集結而成的觀光導覽書。我說我可以幫忙聯絡看看，但自知人微言輕無法保證有結果，不過我肯定可以先幫忙把書中的內容譯成中文，如此一來就算我的研修期結束離開公司，他們在作業上也會比較方便。

也就是說我現在得著手一整本旅遊書的翻譯工作，還得準備即將到來的公費計畫學生結業發表會，並且協助下一本《momoto》編輯的事前作業。Chizu 總編指定了些雜事交由我去做，例如調查至今所有的沖繩籍職棒球員、出身自沖繩，但在近幾年以非沖繩代表校身分在甲子園登場的高校球員、今年在沖繩春訓各球團的行事曆、甚至還有卡樂比公司所出的「職棒選手洋芋片」中，附贈的球員卡之中的沖繩球員名單。而除了事前這些調查以外，還預計要在雜誌內寫一篇文章，談談「我眼中的沖繩棒球」與簡單介紹台灣棒球的事。

而這次 Chizu 總編也說了會在幾次球員訪問時，順便帶我一同見習。所以除了她交辦的項目之外，我自己也得找空閒時間，事先調查好預定採訪對象的基本資料。聽說順利的話，很可能會採訪到以前效力於廣島鯉魚隊，留下顯赫實績的「沖繩之星」安仁屋宗八。

為了做事前調查，還意外發生了一段插曲：我在沖繩縣立圖書館查閱資料時，發現了一本名為《沖繩野球一百年》的書，稍加翻閱後馬上就決定該自己找一本收藏，結果回去查才發現網路上買不到，而實際到沖繩最大的淳久堂書店詢問，也表示該書早已絕版，他們也是愛莫能助。

我把這件事情和名嘉山說，想不到他馬上幫我打電話，聯絡出版該書的琉球新報社。結果雖然琉球新報社也說書已絕版，連他們都沒有庫存，但又提示在一間叫做「BOOKS じのん」的二手書店似乎有存貨。名嘉山又立刻聯絡了 BOOKS じのん，還真的找到了這本《沖繩野球一百年》。

相對於台灣，日本所出版的棒球書可是琳瑯滿目。而沖繩也不例外，不管是興南的教練我喜屋優、還是過去執教沖繩水產的栽弘義，都有傳記式的書籍出版。另外還有專門介紹沖繩在甲子園知名比賽的書、兩本以沖繩棒球為主題的定期雜誌、甚至是介紹「沖繩人看高校野球」這件事的趣味小品等等。

這些書最大的特點，在於它們提供了網路上難以查閱到的許多細節。就以《沖繩野球一百年》來說吧，它詳述了當初沖繩怎麼和日本火腿隊搭上線，邀請該隊來沖繩進行職棒春訓，之後又為何引起眾球隊陸續開拔至沖繩的詳細過程。而這件事在上網搜尋過後，幾乎可確認網路上沒有一個說的比它完整的文章，不管中文日文都是。

另外有趣的是，該書完成於一九九五年，而在卷末有附上一場當時的座談會，與會者包括安仁屋宗八、沖繩縣聯盟野球會長平山良、前首里高中教練德田安太郎等沖繩知名的球界人士。他們在會中提到，近幾年來沖繩棒球的水平是日益提升，搞不好很快就會出現史上第一個甲子園冠軍。而果不其然，在該書出版後四年的一九九九年，沖繩尚學還真拿下了春季甲子園的桂冠。

回想台灣，棒球書的數量自然稱不上多，許多過往資訊更是線索零散而逐漸埋沒。每每想起，都不免感到可惜。

＊

這次的採訪除了我之外，Chizu總編還找了攝影師武安先生，以及寫手兼攝影的深谷先生兩人協助。兩人我都是初次見面，知道他們名字後再做確認，得知深谷先生來自埼玉，武安先生則來自北海道。加上廣島的Chizu總編和台灣的我，意外在這個訪談隊伍中居然沒有沖繩人士。

首先目標是北海道火腿駐紮的名護市。平常一月的沖繩稱不上多冷，不過這天天氣有點陰，搭配海風吹起來還是有些寒意。

此時的名護正規球場正在施工，火腿隊分成幾個小組散在附近的場地訓練。我們在向球團人員登記與拿到參訪證，準備找尋第一個採訪目標：在二〇一五年被火腿以首輪指名，身高一米九的高大左投手上原健太。

那時的他正在一個操場，和其他火腿投手傳接球。工作人員告知約在中午左右他才有空，可以進行半小時的採訪，其他時候則能在不影響練習的情況下拍攝照片。

作為主要攝影師的武安，馬上開始到處走動測試適合的拍照角度，我自己則跟著深谷先生，在場邊一邊看著練習一邊聊天。我們才剛到不久，一名有些年紀的老伯看到我們，突然向我們問話：「請問清宮君（清宮幸太郎）有在這裡嗎？」我們根據手上的資料回答他，清宮今天正和二軍成員於國頭郡練習，不在此處。在他走掉後，大家不僅感慨這位前高校重砲手果然是受到萬眾矚目。

雖說也只是傳接球和一些跑步跟體操，不過這麼近距離觀察日本職棒球員，對我來說還是第一次。深谷先生說他看過我事前準備的資料了，他覺得那是真的棒球迷才做得出來的東西。另外深谷先生還說他喜歡台灣，也去過台灣，但驚人的是他說想到台灣住上幾個月。

「台灣是個很棒的地方呢。日本有安倍在，已經沒救了。」相較如此語重心長的話語，我的回應實在沒什麼值得一提之處，因此沒能好好了解深谷先生的涵義。知識和語言兩者都能力不及，大概就是我現在的狀況吧。

武安拍了一些照後，好奇上原今天是否會進牛棚練投再次向工作人員詢問，結果似乎是他最近剛投完練習賽，所以只會做一些基本訓練而已。雖然可惜拍不到他練投的照片，不過他還是抓準練習休息的空檔，找到機會跟上原選手攀談，還請他擺一些帥氣的姿勢，拍下來作為預備素材用。

終於等到採訪時間了。採訪地點在附近一個飯店，門口和內裝到處都有歡迎日本火腿隊的旗幟標語。訪問者由深谷先生擔任，Chizu 總編則是錄音和抄寫筆記，武安負責攝影，最沒用的我則是也拿著筆記本在一旁觀摩。

深谷問了為什麼上原從學生時代就決定到沖繩縣外發展，之後又碰上哪些挑戰，後來進職棒又感受到哪些不同，在今年有什麼特別的目標，而為此在春訓又做了什麼準備等等。上原也是侃侃而談，他說沖繩縣的棒球水準雖高，但大家從小打到大，很多對手一照面就大概知道優缺點在哪，可若是在縣外發展，便可面對來自四面八方不同類型的好手，他認為這比待在沖繩更具挑戰性，所以才想出去試試。而今年想固定在一軍投球，無論先發還是中繼後援都好，為此正習慣教練替他調整的投球姿勢。

「那麼，我請教最後一個問題，」深谷先生問道：「您離開沖繩縣之後，除了棒

上原健太選手採訪（左起我、深谷先生、Chizu 總編、上原選手）

球，在生活上特別感受到『這和沖繩不同』的地方在哪裡呢？」

「和沖繩不同嗎，嗯……」上原稍微想了一下。

「好比說，日本內地的冬天更為寒冷，而很不習慣之類的。」

「那倒是還好，也許是事先就知道會這樣，所以有做好心理準備。」上原回答：「說起來的話，應該是時間觀吧？在沖繩的大家對於遵守時間這件事挺馬虎的不是嗎？可是內地完全不是如此。我剛在內地練球的時候，算好比練習時間早五分鐘到達球場，結果發現所有人都已經到了，只有我一個『晚到』，才知道原來大家早十五分鐘就來了，我還因此被教練訓斥『這裡可不是沖繩』。」

我還以為是我聽錯了，訪問完後再做確認，說的還真的是「早五分鐘到場卻被罵」。算是對日本守時，和棒球隊的嚴格規定有了進一步的認識吧。

＊

下一站是在宜野灣春訓的橫濱隊，路途中有經過北谷地區。有人問為何沒有安排中日龍又吉克樹的訪問，他不只是沖繩出身，而且還是近幾年中日龍倚重的主力投手，去年更入選了亞冠賽代表隊。結果回答是其實原本有在計畫之內，但因為中日球團以媒體已過多為由拒絕了採訪要求，於是又吉的訪問只好作罷。

「啊，看來是松坂大輔效應呢。」

大家同意了這個說法。松坂大輔的大名不需解釋，而確定他在中日龍落腳之後，對他的媒體關注度就從沒低過。

這回要採訪的對象是擔任捕手的嶺井博希。武安顯得情緒亢奮許多，問了才知道原來他雖然是北海道人，但比起北海道在地的日本火腿鬥士隊，他反而比較喜歡橫濱DeNA隊。而嶺井在去年的季後賽不俗的表現，更是橫濱打進日本一系列賽的大功臣，他已經等不及要和嶺井的碰面了。

橫濱大多數球員都集中在球場範圍內練習，我們同樣又被告知必須等練球結束後，才能訪問到嶺井選手，但沒有確切的時間表，期間也不能到場中，只好在會客室等。差不多過一個多小時，才通知我們有空檔可以訪問了。

深谷先生的提問與上回類似，差別在一些細節上配合嶺井改動。嶺井提到了他現在算是功能性接受教練調度，和其他一位捕手分擔蹲捕責任，因此課題就是在這情況下盡可能爭取到更多的出賽機會，做好指派給他的工作。另外雖然有點早，但即使從球員引退了之後，他想回到沖繩棒球場上，繼續擔任棒球指導者的角色。

而最後一個問題，還是同一個：「那麼，嶺井先生覺得內地和沖繩最大的不同處在於……」

「不同處啊，那應該就是時間觀了吧。」

眾人不禁笑了出來，並向嶺井解釋，方才和上原訪問也是這個答案。

「是啊……比起沖繩，本島真的什麼東西的時間都會好好遵守。像是搭車、吃飯、看病等等，真的會照說好的時間開始，會覺得『真厲害啊』呢。」

雖然聽起來很基本，但被規定不能開車騎車，必須倚賴大眾交通工具的我，在這裡早就深深感受到，要求沖繩完美做到準時這點，就跟要求台灣人差不多困難。

訪談結束過後，武安突然拿出他的箱子，打開來才知道除了攝影器材以外，裡頭還放好了一件球衣。嶺井很大方的替武安在球衣上簽了名，不僅如此，他還幫趁勢也一起要簽名的我在球帽上簽了名。

「哦？來自台灣嗎？我曾經去台灣打過比賽喔，對台中球場很有印象。」

說的是二〇一六冬季聯盟吧。記得那次除了嶺井之外，還有島袋洋獎也是沖繩出身的選手。只是乘勢而起這個舉動，事後稍微被 Chizu 總編唸了一頓。

＊

再隔幾天，換成要找沖繩市春訓的廣島鯉魚隊。有Chizu總編在，當然有廣島隊的行程了。

上回去橫濱或火腿，登記同時除了拿到採訪證之外，還多得到了一頂當年該隊沖繩春訓款的球帽，我當初給嶺井就是簽在這上頭。然而這次和廣島隊報到完之後，卻出乎意料的兩手空空。

「居然沒有送帽子！太小氣了吧。」

一邊發牢騷的Chizu總編，一邊往場邊的周邊商品攤位走去。不一會兒，就看到她手上除了帽子以外，還有滿滿的廣島隊周邊商品。

不用說也知道，這回的對象是安仁屋宗八準沒錯。然而情況比之前麻煩許多：安仁屋現在是以春訓的臨時投手教練身分在廣島隊中，並非正式的從屬關係，因此廣島隊也無法代為安排任何的訪問相關行程。

雖然公司方面有聯絡到安仁屋本人，他也口頭答應願意接受採訪，可是僅僅表示要等到有空閒時後才行，但擔任教練的他，這時得緊盯著投手群的練習狀況，能採訪的空隙微乎其微不說，經常還因為臨時狀況到處移動，連球團的工作人員都說不準他在哪裡。

一開始安仁屋教練是在牛棚坐鎮，觀察眾投手的練投狀況。而隨著牛棚區的練投結束，一閃神就沒跟到他老人家上哪去，使得我們其餘的時間幾乎都在球場各處找他，途中還遇到一位球迷，看到東奔西跑的我們便問道「你們也是在找安仁屋嗎」。最後我們才在室內練習場看到他的身影，原來在大家的練習結束後，有兩位投手轉移到室內練習場繼續練投，而安仁屋當然也跟著在一旁指導。在這情況之下，我們當然只能再等下去。

等到練習結束，總算是抓到空檔能上前詢問了。壞消息是依今天的練球情形，要抽空受訪是有困難的。好消息是週日還算沒有預定行程，安仁屋主動邀請大家可以去看當天在那霸球場的廣島與巨人熱身賽，並在賽後進行訪談。

能和這位傳奇人物一同看球，這對 Chizu 總編無疑是個意想之外的好消息，但對我來講就不是了。那天名嘉山和營業課的島袋部長等人早約了我，要一起去看位於浦添的養樂多與日本火腿之戰。對我來講，早先約好的事情還是遵守比較好些。不過雖然可惜，倒是在後來練習的時候，拍到安仁屋手癢上去投幾顆的畫面，算是作為一點補償吧。

一會兒安仁屋準備要回到主球場。在他走出室內練習場的瞬間，早在場外等候多時的球迷們瞬間爆起熱烈的歡呼聲，他也一邊向大家揮手致意，一邊往球場內走去。

「真的是個巨星啊。」

大夥兒這麼說。那個歡呼聲之熱烈，以台灣的方式來講，大概就像王建民本尊現身的等級吧。

＊

隔週，準備迎來在這次我有跟隨的行程中，最後一位採訪對象：糸數敬作先生。不同於前幾次行動都是在球場，這次我們的目標則是讀谷村的一家潛水活動店。

糸數先生是前日本火腿隊的投手，離開球場轉換跑道，現在的工作是帶著遊客到著名的浮潛景點「青之洞窟」享受潛水之樂。我們和他照面時，他人剛好才從海邊回來。也許是工作性質的關係吧，算起來他離開球場也幾年了，但身形看上去仍像個運動員。

這次沒有練球之類的干擾，我們幾個在店內坐下來，一談居然就快兩個小時。

糸數先生曾在大學棒球圈叱吒風雲，以主力投手的身分帶領亞細亞大學站上優勝之位，自己也榮獲多項投手獎項。不過進了職棒之後，他很快就感受到周圍的整體水準突然拔高，不是大學時候可比擬的。

「那是從練球就能感覺出來的。好比說達比修有選手吧，你光是看他練習，就能看出他那個揮臂，手臂的延伸程度，真的是以前從未見過的優異。其他選手的體能、爆發力、柔軟度等，跟過去在大學時期看到的也完全不同。」

體認到職棒競爭激烈的糸數，便接受當時火腿投教小林繁的建議調整投球姿勢。逐漸適應職棒強度後，也升上一軍拿到勝投，擔綱起火腿隊先發輪值的一員，並且打進日本一系列賽。不過在與讀賣巨人的比賽中，被李承燁在內的巨人強打者轟出三發全壘打，承擔敗戰投手責任。

然而頗為照顧糸數的小林教練，卻在二〇一〇年初突然因心肌梗塞過世。之後的糸數表現就起起伏伏，雖然偶有佳作，但始終無法維持穩定狀態，更糟的是後來還手肘受傷。儘管在療養下痊癒，可是在復出之後，即使感到手已經不痛了，體能狀態也好好的，投出來的球卻怎樣都沒有以前那種威力。在這樣的情況下，糸數失去了一軍的舞台，並於二〇一三年遭到日本火腿的戰力外通告，結束並不完美的職棒生涯。

離開職棒的糸數不得不思考新的出路。好在過去他打職棒算存了點錢，一時半刻不需要擔心經濟問題。「職棒薪水雖高，但不好好珍惜，看到別人開名車就也去買名車，看到別人用名牌自己就也想用，如此亂花的選手也是很多喔。也聽過有選手在接到戰力外通告時，身上幾乎一毛不剩的。」

糸數曾經在大學時期就取得了教師資格，不過在思考過後，他決定投入「潛水」

這個行業。契機乃是若干年前，同伴帶著他嘗試海中潛水時所留下的深刻印象。「本來我也覺得只是下水而已，為何還需要特別花錢。結果實際體驗過才知道，海中的美麗真的難以形容，就像探索一個未知的新宇宙一般。」

而往後的生活也是個新世界。糸數到朋友的店裡當學徒兼幫手，經常天還沒亮就得起床，簡單吃個三明治就得出發準備。「但其實是非常有趣的，踏入到不同領域後，才認真體會到過去的自己真的『只會打棒球』而已。新工作讓我認識很多以前從未知曉的事，除了潛水之外，還有像是經營、接待客人等等細節，都是挺愉快的經驗。」

於是在九個月後，糸數順利取得執照，在讀谷村開設了名為「Diving20」的潛水觀光店。不只是日本客經常光顧，以韓國為主的外國客人也慕名而來，甚至還有不少韓國客認出他就是當初「被李承燁轟全壘打」的糸數敬作。

「我們也有中、英文的解說員喔，歡迎台灣客人也來光顧。」知道我是台灣人後，他微笑著這麼對我

與開設潛水店的糸數敬作（圖左）合影

說。事實上在整場訪談中，他都一直面露笑容，接納了回憶中一切好與不好般的坦然。

不容易啊。已成為傳奇巨星的也好，仍在為既有目標奮鬥的也好，轉換跑道繼續打拼的也好。都不簡單啊。

即使早就知道這個道理，這樣面對面對談所得到的感受，果然還是不一樣啊。

沖繩・棒球

金城政夫：被遺忘的職棒先驅

沖繩與台灣地理位置相近，歷史命運也很類似，於是經常有不少令人意外的緣分。這在棒球圈中也能夠見到。

例如沖繩出身的史上第一位日本職棒選手：金城政夫，就是一個例子。一九二四年出生於沖繩本部町的金城，擁有在當初而言算魁梧的五尺七至五尺八身高（約一七五公分），除了球速不凡之外，還能投出外角大幅度曲球。然而這位金城選手，他卻沒有在沖繩「土生土長」，反而是來到台灣，最後畢業於台灣的高雄商業高中。

二戰後，金城回到沖繩，他的身材和優秀投球能力讓那時的沖繩人開了眼界。「台灣的棒球訓練真是優秀」、「棒球在台灣看來比沖繩還要有人氣」，這些話語也伴隨著金城的投球，一起來到沖繩。宮古島的資料中，也曾經記載曾與這位金城對壘，並對他投打兩方都十分出色的表現留下深刻的印象。

在沖繩球界活躍的金城，後來在一九五〇年十月二十一日的「米琉親善戰」與「美軍洋基隊」交手。在這場萬人注目的本場賽事中，他僅被敲出四支安打、投出高達十五次三振的演出，博得滿堂彩。到了十一月，金城透過同樣曾就讀於高雄商業學校的前輩，以「藍色球棒」聞名的職棒球星大下弘牽線，加入日本職棒東急飛人隊（今北海道日本火腿鬥士隊前身）。沖繩當地媒體也以「彗星」形容金城，期待他成為職棒界的一枚新星。

可惜的是，雖然擁有相當的投球才華，金城卻因為控球實在太差，最後沒能站穩日本職棒。他在東急兩年，總共才投七點二局，就扔出了十二個四壞球保送，防禦率是完全不合格的十五點二六。在這麼糟糕的成績之下，金城理所當然的失去舞台，第一位登上日本職棒的沖繩選手，就這樣倉促告一段落。

也許是因為沒留下成績，所以知道的人也不多，以至於後來安仁屋宗八進入廣島大放異彩後，不少人便以為安仁屋是「沖繩第一名職棒選手」。但反倒是安仁屋曾表示過，在自己的印象中，「巨人隊曾經有一位叫做金城的選手」而一直認為自己並不是真的第一人。安仁屋大概是記錯了隊伍，不過「金城」這點倒是符合，但即使他記得真正的一號是誰，還是因為被周遭「一號」的聲音中環繞，於是也抱持著以一號身分拼命努力的想法，最終也成為相當具代表的選手。

以台灣來比喻的話，也許就像是譚信民和王建民的差別了吧。又或者，羅道厚跟吳波、郭泰源等人的差別吧。第一個雖然未必赫赫留名，但還是別具意義的。

沖繩棒球起源：首里高中棒球隊

電影《KANO》曾經有一幕：當球員們踏入甲子園，不由得對這座壯觀又富具意義的球場感到敬意，連場內的土壤都令他們新奇時，近藤教練隨手抓起一把土，提醒他們：土就是土，沒有什麼不一樣的。

「帶回甲子園的土，紀念球場上曾經的青春」，這是屬於每年從各都道府縣中脫穎而出，代表家鄉而戰的隊伍幾乎必行之事。與台灣棒球不同的是，台灣棒球的人氣多半集中於職業隊伍與國際賽事中，但是在日本，甲子園的高校賽事注目度毫不亞於職棒。很多球員如松井秀喜、松坂大輔或清宮幸太郎等人，都是在高中時期，就已經成為全國性的知名選手了。而日本的高中球兒中，把以能登上甲子園並奪冠為目標，反而對進軍職棒不那麼在意的選手也是所在多有。這就代表甲子園在日本球兒的心中是多麼的具有份量。

沖繩縣因為分區，以及棒球起步較晚，打不贏日本球隊，所以和甲子園無緣了很長一段時間。直到一九五八年，才因為碰上甲子園紀念四十回大會，實施當屆限定的一縣一代表制，才終於得以派出沖繩縣代表登上甲子園舞台。而這值得紀念的第一次，是由首里高中出線。

那時的沖繩還在美軍的託管的狀態下，光是要出入日本，都還得準備相當於護照的「渡航證明書」，並在出入境時蓋章確認，如同現今的出國手續一般。

頗具意義的首次登場，首里高中的對手為敦賀高校。然而首里的球員當時平均身高僅一百六十二公分，實力與身材都被認為差人一截的情況下，沖繩球迷其實對戰況並不樂觀。但最後的比賽結果為〇比三，算是雖敗猶榮的一仗，也讓轉播員不禁說道：「本來還以為有可能會成為差距超過十分的比賽，首里高中比想像中的更有韌性。」美中不足之處，大概就在仲宗根雖然開局就敲出安打上壘，可整場比賽首里高中無法組織出好的攻勢而被完封了吧。

結束了甲子園之旅的首里高中就像其他的球隊一樣，球員們也裝下甲子園的土，準備帶回沖繩作為紀念。然而沒想到的是，從日本回到還在美軍轄下的沖繩，入境辦理也幾乎比照國對國之間。因此對海關來講，來自甲子園的土，也正是所謂來自國外的土壤，因此依照檢疫法的規定，是無法帶入國內而須銷毀的。

於是，沖繩高校史上第一次踏上甲子園，帶回來的珍貴回憶，就這樣被檢疫局整個倒進那霸港的大海之中。

不過事情還有後續：當時的空服員知道此事之後，不禁同情起首里高中的小球員們，於是她想到一個方法：她將甲子園蒐集來的碎石寄送給首里高中，成為了代替土壤的紀念品。這些石頭至今仍以棒球場的形狀，鑲嵌在首里高中的庭園內，附上石碑「第四十四回大會，甲子園出場紀念」、「友愛」提字，選手們後來也獲贈以甲子園之土燒窯製成的紀念盤，總算是彌補了當初的遺憾。

＊

話說我在暑假末尾，因為不久後就將搬離學校宿舍，因而不得不整頓行囊。其中也整理出一批暫時用不到的雜物，打算先行寄回台灣。

上原主動幫我把東西送到郵局。此時他不管幫我什麼事，都沒辦法再向學校報領鐘

於首里高中校園內的紀念碑

點費了，但他還是問我有沒有需要幫忙的地方，所以當我說需要車子載送行李到郵局時，他也毫不猶豫地答應下來。

東西送往郵局寄件後，我們在學校附近新開的沾麵店解決午餐。我提到首里高中這段往事，上原似乎十分驚訝。他知道甲子園的土被倒掉這檔事，但不曉得後來有石頭代替了土。

「那麼就一起去看看如何？」上原提議。

「可以就這樣進入校園嗎？」

「應該是沒有問題吧。」

於是就坐上他的車，來到了首里高中。上原之前是就讀沖繩尚學，不是這裡的學生，正想著該怎麼找尋的時候，有輛車也在這時停妥，車上下來幾個年輕，但明顯不太像高中生的男子。

「請問你們是OB（畢業生）嗎？」上原問他們。「那個甲子園的石頭，你們知道在哪嗎？」

於是很順利的找到首里高中的中庭，還有從一九五八年保存至今的甲子園之石。雖然是設置在人來人往的室外庭園中，但保存狀況依然十分良好，果然對日本或沖繩來說，甲子園還是代表著什麼。

＊

其實，沖繩棒球的起源，傳說也是首里高中帶來的。一說在一八九四年五月，沖繩中學（現在的首里高中）學生們到第三高等學校（京都大學前身）參訪，剛好看到日本內地的學生在打棒球，於是十分好奇。而那些學生也大方的教導他們棒球規則，以及贈送他們一些球具，這些首里高中的學生，就成為沖繩第一批會打棒球的人。後來在該年十月，沖繩中學在運動會上舉辦棒球紅白對抗賽，也成為了沖繩的第一場公開棒球賽。

這不禁讓人想起來，當初日本會開始打棒球，也說是源自於美國老師的指導。而台灣最早的紀錄，亦追溯到日治時期，日本人在台灣打球的緣故。

而無巧不巧，我個人在沖繩第一次到場觀看的高中球賽，就是首里高中對上八重山商工。當時首里高中的投手有球速一百三十公里的實力，以習慣的台灣標準而言，這球速在一班社團算是相當頂尖，但以科班來講卻又不算怎樣的中間值。

不過既然是打進甲子園的球隊，起碼代表曾經是在沖繩的首席隊伍。何況我在看《改變沖繩的男人》這部電影時，片中唯二出現的兩場賽事，就都是琉球水產挑戰首里高中。其中，片子更以琉球水產在戰況艱難下，硬是於決賽打倒首里高中，奪下地區大賽冠軍作為結尾。

那麼，首里高中現在來講，到底算是強還是弱呢？

這個問題一直到後來在研修後重新提起。在 Chizu 主編打算推出棒球專刊時，我也獲得其中兩頁的篇幅，將撰寫一篇「台灣人眼中的沖繩棒球」、「台灣棒球的介紹，以及和沖繩棒球有何不同之處」的文章。很快動工下筆，自然想起首里高中戰勝八重山商工的那場比賽，於是再次向 Chizu 主編確認這個問題。

「最近的話，應該稱不上強隊吧，大概就是有十六強、八強左右就算是表現得很好。而要是不幸在一回戰就敗退，大家也會覺得，啊，也不是什麼奇怪的事。」

「所以我如果寫他們打敗了八重山的平良，一個飆破一百五十公里的投手的話……」

「果然算的上意料之外吧？」

於是該篇文章就這麼起頭了：一個不懂高中棒球魅力何在的台灣人，看到一場弱隊扳倒王牌的戲碼，緊接著為深入了解，查起了沖繩高中棒球史——

豐見城傳說

「差一點就能贏」，偏偏就是拿不到最後一個好球，最後一個出局數，結果被逼和，被超前，被再見「雖敗猶榮」、「吃鍋貼」，相信對一個經常關注台灣棒球隊國際賽事的球迷而言，這樣的畫面絕對不陌生。

然而熟知這個「差一點」滋味的，可不是只有台灣球迷而已。在沖繩，背負著家鄉而踏上甲子園的高校球兒們，也多次經歷過這種悔恨的感覺：

一九七五年夏甲，沖繩的石川高校在與濱松商賽事，石川高帶著一分領先殺進第九局，卻慘遭濱松商揮出再見全壘打逆轉吞敗。一九七八年，豐見城高校對決岡山東商，先是在八局丟掉三分領先，最後在延長賽慘遭再見結束比賽。一九八五年沖繩水產，亦是在九局丟掉領先的一分苦吞敗績。此外，一九九六年、一九九七年、一九九八年的夏天，沖繩的代表校也紛紛都以末盤失守而結束了甲子園之旅。

不過，就像二〇一三經典賽，或者二〇〇四雅典奧運的台日大賽一樣，有些賽事雖然輸球，但比賽中球員與強敵的拼鬥過程仍感動許多球迷，因而成為一再傳誦，不完美的美好回憶。沖繩高中棒球也不例外，一九七五年春天，豐見城高校對上東海大相模的比賽，就是令沖繩球迷回味再三，卻又惋惜不已的一場賽事。

當時，沖繩距離脫離美軍轄下，回到日本政府統治「沖繩返還」的一九七二年還沒有太久。在這之前，沖繩代表校除了在一九六八年夏季時，興南高校曾經打入全國四強以外，其他的大會成績幾乎是乏善可陳。一九五八年首里高中第一次在甲子園登場，然而沖繩的高中在甲子園首次贏球，就得等到一九六三年才開張。而從首里的甲子園破冰到沖繩返還為止，這十餘年間沖繩代表在單淘汰制的甲子園賽場中，僅僅只有「三次」有突破第一輪賽事而已，其餘都是早早的輸球打包回家。

此外，撇開技術層面，沖繩出身的選手光是一站上場，就是活生生比別人矮一截。不只是出登場的首里高校球員從外型就能看出較他縣市選手明顯矮小，甚至後來投效廣島鯉魚隊，後來總計在生涯拿下一百一十九勝的安仁屋宗八，也曾在剛加入廣島隊時，被隊上的教練嘲諷說：「你這個身材，像是打職棒的嗎？」

一九七五年的豐見城高校，就是在尚未擺脫沖繩球隊在甲子園連年灰頭苦臉的情況下，以依舊相對嬌小的身軀（平均不滿一百七十公分）突破了前兩戰的對手，來到第三回合的賽事。此時來自全國各地的代表菁英校，已經淘汰到剩八所了。豐見城只要再贏過這一場，就可以追平過去興南高校創下的四強紀錄，此時擋在他們面前的，是來自神奈川的棒球強豪：東海大相模。

當時的東海大相模是一隻以打擊傲人所著稱的球隊，而陣中最受到矚目的，莫過於是在日後加入讀賣巨人軍，並在職棒留下三百八十二發全壘打的傲人成績，風風光光被選進「野球殿堂」，甚至還在日後執教巨人軍與日本國家隊的原辰德了。

此時的原辰德雖然還只是高中生，但他在高中期間總共也留下了四十三支全壘打，證明他是英雄出少年，在當屆的甲子園賽事中亦有開轟紀錄。順帶一提，沖繩代表學校在甲子園的首次全壘打，要追究到首里高初登場的十幾年後，才在一九七二年由名護高中的大城章選手所擊出。

面對這般強敵，沒想到豐見城卻一路壓制著東海大的打線，還在七局率先以連續安打搶下一分，並帶著這一分領先一路挺向九局。而那位名震天下的原辰德，在九局下半一出局，身負發動攻勢的重任時，慘遭豐見城的投手赤嶺賢勇三振出局，只能黯然回到休息室內。

赤嶺一個人靠著有尾勁的速球，刁鑽的曲球和精準的控球力，一路封鎖東海大相模至此，還賞給這群強打者們十二個三振。在三振原辰德之後，距離球隊勝利，挺進四強，就只差那麼一個出局數了。

意外總是出現在這種時刻。

儘管解決了三棒原辰德，四棒的津末卻在這時打穿一壘防線，直接站上二壘壘包。

接著佐藤馬上補上中間方向安打，比賽在瞬間就成為一比一平局，而東海大相模仍保有進攻機會。

再來是網島，他也擊出了右外野的安打，讓跑者再度攻佔得點圈。接著山口上場，抓準第一個球就打，球往一壘方向飛過去。縱使豐見城的守備員拼命地想處理這顆球，但球落地，回傳之下就是來不及，跑者先一步抵達本壘，宣告東海大相模的逆轉勝利。

這場惜敗強豪的比賽，就此成為沖繩球迷難忘的回憶。東海大相模驚險死裡逃生後，一路拚到決賽，才敗給高知屈居全國第二。另外雖然吞敗，但展現出十足投球實力的赤嶺賢勇，也因這一戰聲名大噪，成為沖繩球迷心中的悲劇英雄，日後也進入了棒球名校的早稻田大學，以及加盟職棒讀賣巨人隊。較為可惜的是，在職棒時期的赤嶺，因為受到傷勢困擾而沒有太多出賽機會，在一九八三年就宣布引退，總計只留下短短七局的投球成績。

*

不過，就在多數沖繩球迷覺得「好可惜」的時候，有個人卻冷靜的看著這一切，分析許多人沒注意到，豐見城高中真正的敗因。

在這場比賽中，豐見城曾經有三次殺入本壘的機會，但都因為東海大相模優異的守備下出局而未能得分。對此，這個人評論：「如果是在沖繩的比賽，那種狀況絕對能夠安全上壘。顯然在選手臂力，以及轉傳等細節上，沖繩選手還是和本島選手有明顯落差。」

而也不只有針對這點而已，他還補充：「在打擊、投球的技術上，其實我們也不如別人。再來，碰上比賽末盤兩人出局，此時帶給球員的巨大壓力，如果不讓球員多多與外地的優秀球隊較量，那永遠也沒辦法克服。」

換言之，也許別人看到的是只差一分、一個出局數的惜敗，他看到的卻是沖繩棒球在各個環節上不如人，有跡可循的輸球之處。

這位做出嚴厲批判的男人，當時是以球隊部長的身分，在板凳席指揮著球員們作戰。事實上他為了這支球隊能順利運作，還親自掏腰包張羅了不少球具支援隊伍。此後，豐見城高校在一九七五至一九七八年這段期間，總計共站上四次甲子園八強，確實的成為一隻不容小覷的隊伍，都與這位男人有關。

他，就是在日後轉戰沖繩水產高，創下甲子園亞軍，替沖繩高校棒球史再翻開新一頁，被稱作「改變沖繩的男人」的名教頭：栽弘義。

栽弘毅小傳（上）：改變沖繩的男人

下半年因為轉入東洋企劃印刷實習的關係，我搬到糸滿市居住。在每天上下班的路線上，都必定會經過沖繩水產高校。

每天上班，我都會騎著車，聽到早晨八點鐘的學校鐘聲。此時人行道上通常能看到不少的水產學生，有的是正趕往學校，有的則在打掃周遭環境。

到了傍晚回程路上，自然不會有學生還在作晨間掃除。此時反而是往圍籬中的校內運動場看過去，可以看到一大群棒球員正在操場勤練。時值秋季大會，我後來聽說公司裡有人的小孩子就是沖繩水產球隊的，以及沖繩水產高打進了沖繩四強，但敗給興南高校的事。

這個畫面沒有維持太長日子，不久後的場地裡散落著各種大型器具，應該是有要翻新的工程在。在我為期一年的活動結束，準備離開沖繩之前，整修都還持續進行著，直到回台灣後的某天，我才在Youtube上面看到翻修完畢的新聞。而為了紀念新球場的到來，還邀請了前沖繩水產的球員：大野倫和屋良景太到場進行開球儀式。

過去，沖繩水產高校曾於一九九一、九二兩度打進夏季甲子園，創下連續兩年奪得亞軍的偉業。屋良為九二年當時的隊長，而大野倫則是隊上的王牌投手。開球過後，大野倫也受訪表示：「我想栽教練一定也在某處看著的吧，希望後輩們能好好在這場地盡情揮灑汗水，朝著甲子園的目標努力著。」

他說的栽教練不是別人，正是過去帶領豐見城高校站上八強、沖繩水產奪下亞軍，於二〇〇七年過世的栽弘義教練。

＊

栽弘義生於一九四一年沖繩糸滿市。四歲那年，他遭遇沖繩戰爭，當時的一顆手榴彈爆炸，火勢燒到栽弘義的背上。然而因為戰亂間長期缺乏營養，背著一團火的栽卻連喊叫的力氣都沒有，是周圍的人大喊「你兒子背上著火了！」栽的母親才趕快以水替他滅火。但也因為這樣，栽的背上就此留下大片的灼傷痕跡。除此之外，日後有球員表示栽弘義本人無法單獨待在密閉空間，疑似是因戰爭患上幽閉恐懼症。而他的三個姊姊死於戰爭中，也有親戚死於日後的未爆彈爆炸意外。

戰後，在接受美軍提供的器具下，栽弘義在體育課上認識了棒球，並在中學就嶄露了過於他人的棒球才華。後來他進入糸滿高校，亦是球隊中倚賴的好手。一九五八年，夏季甲子園為紀念四十周年到來而改變賽制，也讓沖繩有機會派出自己的代表校，使得各校紛紛摩拳擦掌。糸滿高校也不例外，他們一路打到準決賽，與首里高校碰頭。

這是一場激烈的打擊戰，糸滿高校攻下了六分，但首里高校技高一籌，以八分在最後勝出，接著奪下史上首次的沖繩代表權。而雖然輸球，栽弘義在這場比賽繳出了全壘打在內的三安猛打成績，展現他十足的棒球實力。但也許因看到首里高校有專門球隊指導者而勝出，在這場比賽之後，「成為高中棒球教練」這個想法也在他的心中萌芽。

為了成為教練，栽弘義升學至中京大學，並向曾經帶領中京商拿下優勝的瀧正男教練拜師學習。除此之外，他也多次親自造訪中京商、松山商、廣島商等強校，充實自己棒球上的知識。

一九六四年，大學畢業的栽弘義回到沖繩，到小祿高校開啟了高中棒球教練生涯。根據《沖繩野球一百年》中平山良的說法，過去沖繩球員多以練球為主，不太重視基本體格的培育，但從栽弘義帶來新的訓練觀，往後才讓沖繩高中球界漸漸重視身材的鍛鍊。

除此之外，栽也抱持著為求勝負，不惜苦練再苦練的嚴厲態度，多少讓他與球員之間產生摩擦。不過球隊確實因此實力明顯增長，一九六六年沖繩夏季大賽，小祿高校擊破首里高校挺進到決賽，才敗給興南高校屈居亞軍。一九七〇年，更是進一步取的沖繩縣大會的冠軍，只可惜敗給宮崎縣代表的都城高校，沒能前進甲子園。

不過他的帶兵能力早因此受到肯定，當時在糸滿高中大他數屆的學長上原善輝看到他的表現，就力邀他加入豐見城高校指導。此時的豐見城高校球隊中，有著日後擔任沖繩尚學教練的金城孝夫。

一九七四年，栽弘義率領豐見城高校拿下沖繩秋季大會的冠軍。此時球隊若是能在九州大會上打進四強，便能收下甲子園的門票。最後，豐見城以四比二擊退了都城高校，確定進入四強。儘管在準決賽的延長賽中不敵門司高校，但依舊確定栽弘義這將是在教練生涯中，第一次闖進甲子園賽場。

經過抽籤後，沖繩首戰的對手為來自千葉縣，曾經在一九六七年拿過全國冠軍的習志野高校。知道對上的是「野球弱縣沖繩」的代表校瞬間，習志野高校彷彿已經確定能贏球，成員按耐不住內心喜悅，拍手直呼：「太好了！」

然而到了比賽當時，習志野高校的選手可笑不出來了。它們被豐見城的投手赤嶺賢勇徹底壓制，赤嶺九局的投球只被打出兩支安打，完全封鎖了習志野高校的進攻。最後豐見城高校便以三比零勝出，締造春季甲子園大賽史上第一場由沖繩球隊締造完封紀錄的比賽。

就在勝過習志野高校的這一天晚上，幾名老人到了豐見城的下榻處拜訪。他們一邊握著選手們的手，一邊哽咽著說：「謝謝你們為沖繩人抬頭挺胸的贏下了這一場……」原來，這些老人是住在大阪的沖繩籍人士。當初在戰後，有許多沖繩人為了求生，來到關西找尋工作機會，但由於不少本島人將沖繩人當二等公民，因此不論是住處或工作的招募上，都經常可見「禁止沖繩人」的聲明。這些老人們在那個充滿歧視的年代下奮鬥著，如今見到沖繩年輕人在球場上堂堂正正與本島隊伍一較高下，內心的激動自然是不在話下。

後來豐見城高中挺進到八強，才在九局敗給了東海大相模。雖然遺憾，但這場比賽依舊讓沖繩人回味不已。而栽弘義本人在晚年時也曾經向人表示，在他所培育的球隊中，最接近他的理想的，就是豐見城的這批球員們。

*

栽弘義後來又數度帶領豐見城高校拿下沖繩冠軍，挺進甲子園八強，可惜的是始終沒打破「八強之壁」。而除了赤嶺以外，栽當然也培養了不少好手，其中最具代表性的就屬曾在甲子園大賽轟出過全壘打的石嶺和彥。在高校時期就表現不俗的石嶺，畢業後加入了職棒阪急隊，並在一九九〇年拿下聯盟打點王。總計在十六年的職業生涯中，石嶺一共擊出了二百六十九支全壘打，如今日職雖有剛奪下年度MVP的山川穗高（西武），但以生涯累積成就而言，石嶺目前仍是沖繩籍球員中最具代表性的打者。

栽弘義在一九八〇年離開豐見城高校，轉任至沖繩水產高。在八〇年代初期，曾經在一九六八年挺進到全國四強的興南高校再度崛起，並於一九八〇至一九八三年都拿下夏季沖繩大會的冠軍。一九八三年的沖繩水產曾在決賽中與興南高校碰頭，但是以一比三敗下陣來。

一九八四年夏季大賽，沖繩水產和興南再度於決賽中碰面，和前一次不同的是，這次改由栽弘義率領的沖繩水產以四比一拿下冠軍。而由這一年開始一直到一九九一年的地方賽，沖繩水產只有在一九八九年沒拿到夏季大賽的冠軍盃，其他時候都打遍沖繩無敵手，成為代表沖繩出征甲子園的隊伍。

其中一九八八年，沖繩水產在甲子園八強賽中，以二比一驚險勝過濱松商，成為既興南高校後，沖繩球隊相隔二十年再度擠進全國四強之列。但與日後相比，這個成就還只能算是開胃菜。

一九九〇年，沖繩水產以六比一輕取沖繩尚學後，再度打進一九八九年沒能挺進的夏季甲子園賽場。對於即將到來的大賽，隊上的王牌投手神谷善治卻沒有太多自信。「能贏一場就好」，神谷雖然抱持著這個想法，但靠著拿手的曲球、滑球等球路，在之後的比賽中接連壓制對手。連戰皆捷的沖繩水產，竟然就一路殺到總決賽，對上來自奈良的天理高校。

沖繩水產在比賽開局，馬上就靠著安打和犧牲觸擊攻佔得點圈，可惜第四棒敲出的中外野安打太過強勁，跑者只能停在三壘壘包，未能成功回到本壘，這局最後也無功而返。反倒是四局上半，天理高校以觸身球保送、以及逮中神谷的紅中失投球敲出長打，再以高飛犧牲打的串聯，率先攻下第一分。

四局下半的沖繩水產立刻做出反應，一出局後打者上壘，但下一棒的短打點的太過強勁，使得跑者被刺殺在二壘前，未能攻佔得點圈。接下來的打者雖然擊出安打攻占二三壘，下一棒打出強勁滾地球卻正好落在一壘手正面，又讓沖繩水產的攻勢止步於得分大門前。

整場比賽，沖繩水產敲出了比天理高校更多的安打，創造了更多的攻勢，可是就是缺乏得分的關鍵一擊。來到九局下半，沖繩水產僅以一分之差落後，打者逮中球路打穿一壘邊線，成功進佔到二壘壘包。二出局之下，沖繩水產的打者又抓到天理投手偏高的快速球，一棒掃到左外野的深遠處。

「這球有機會！」看到揮棒咬中的瞬間，沖繩球迷、沖繩水產高校的球員們都莫不這麼想著。然而他們看到的，卻是左外野手小竹快步奔向警戒區前，在以美技抓下這顆飛球，振臂為天理奪下的這場勝利歡呼。

就差一分、一支安打，讓全國冠軍的一絲希望從手中溜走。不過奪下亞軍，也已經是沖繩高校棒球史上的新紀錄。「全國冠軍再也不是遙不可及之事了。」這場比賽給了沖繩球迷前所未有的期望，而這一屆將畢業的沖繩水產球員們，也把希望交給了後面的學弟。「明年一定要拿下冠軍！」

前輩們差一步而未能完成的冠軍夢，就這樣交到大野倫、屋良景太這一屆身上。

栽弘義小傳（下）：大野倫悲劇與未竟之功

身高超過一米八的魁梧身材，又能連續投出超過一百四十公里快速球的大野倫，在當時甚至是已經被職棒球探鎖定的焦點人物。就連沖繩水產的球員，都抱持著「有大野倫在就能打進甲子園」、「有大野倫在就有機會問鼎冠軍」的想法。更有甚者，認為的是「如果進不了甲子園，那就是大野倫的錯」。

然而，大野倫卻在沖繩地方大會時，就出現手肘疼痛的狀況。但或許是周圍的期待給予他過於巨大的壓力，讓他刻意隱瞞自己的傷勢。他不僅在被醫生警告的情況下，還硬是打了止痛針上場投球，並且為了不造成球隊恐慌，每次被問到有傷時，都謊稱「沒那麼嚴重」、「投球沒問題」。後來，沖繩水產前進甲子園賽場，期間大野倫還是需要趁著比賽空檔，到有名的整體師處進行治療。當他回來時，也向隊上報告說「狀況好很多了」。

事實是，完全沒有比較好。

察覺到大野狀況不樂觀的栽弘義，自甲子園第二戰之後，就開始親自替大野倫按摩治療，也試著找來整體師、針灸師、甚至是靈媒師等一切手段，看能不能治好大野。

可惜已經為時已晚，大野的手肘劇痛，甚至讓他與其全力投出快速球，還不如技巧性的扔出變化球輕鬆。傷勢也影響到大野的生活起居，在無法使用右手進食的情況下，只能拜託學弟們買三明治，以便單手用餐。

可是，由於沖繩水產沒有其他好投手能上場，大野也只能咬著牙關繼續奮戰。栽弘義也決心把投手丘交給大野一人，而因為傷勢關係，大野倫無法維持在最佳投球狀態，使得沖繩水產在這次的賽會上的表現時好時壞，每一場都是以一、兩分的差距險勝。準決賽對上鹿兒島實業，即使被敲出十四支安打丟掉六分，但球隊硬是攻下七分獲勝。前進決賽的當下，大野倫也興奮的自投手丘躍起。距離沖繩水產，以及全沖繩縣未能達成的目標，僅僅只剩一步之差。

冠軍戰的對手是大阪桐蔭。狀況不佳的大野倫在第一局，就被大阪桐蔭的強打萩原誠砲轟丟掉兩分。然而沖繩水產打線也很快還以顏色，連同三局上半打下的五分大局在內，四局結束時竟還以七比四領先大阪桐蔭。

上一回甲子園決賽，沖繩水產即使頻頻向得分大門口叩關，但整場賽事中卻因為沒有得分，自然從來沒有領先過任何一局。但此刻沖繩水產的領先，似乎又帶給沖繩鄉親一絲希望。沖繩水產所在的海港城市糸滿，此時正因颱風接近而天候不佳，漁船們紛紛歇業，船員一個個聚集在電視機前替沖繩水產加油。他們心裡堅信：這一次，真的有機會奪下全國冠軍。

遺憾的是，大野倫的傷勢已經到了極限。

五局下半的他，完全壓制不住大阪桐蔭的猛攻。先是從一個平凡的二壘滾地球失誤開始，大阪桐蔭一連打了十個人次，總計攻下六分，反以七比十超前沖繩水產，一舉擊碎了沖繩的冠軍夢。在這段慘不忍睹的攻勢下，連NHK的球評都從轉播畫面中，直言大野的手肘明顯有問題。

最終，在這場兩隊合計敲出二十九支安打的打擊大戰中，大阪桐蔭以十三比八勝出，合計得到二十一分亦是大會決賽史上的最高紀錄。但不管創下多少紀錄，沖繩水產仍然未能實現帶回首面冠軍錦旗的夢。

抱著傷勢投完甲子園的六場比賽，共計七百七十三球的大野倫，即使在賽後立刻接受治療，也早已回天乏術，至此斷送了投手生涯。爾後他進入共立大學，只能棄投從打，以外野手身分重新回到賽場上。不過他在大學時期靠著球棒打出一片天，還入選一九九三年亞運的日本代國家隊，後來加入職棒讀賣巨人，可惜在職棒依舊沒有太多舞台，先是被交易到大榮鷹隊後，又於二〇〇二年結束職棒生涯。

大野倫帶傷力投的表現，也震動了日本高中球界，此後高校野球聯盟開始提供甲子園大會的賽前診斷，以及將單一球隊的球員數量從十五人放寬至十八人。而往後討論到甲子園投手投球過量現象時，大野倫也經常被引用作為案例。當然，讓大野倫在投手丘上完全燃燒殆盡的栽弘義，也成為輿論批判的對象。

其實，栽弘義的爭議也不止於此。儘管他留下傲人的執教成績，但過於嚴格的指導，以及層出不窮的暴力行為，也多次引發糾紛。據說他曾經對著球員們說過：「你們沒有希望，趕快輸一輸引退，讓後輩們來。」之類極為侮辱的話，甚至還傳出有球員曾經抱持著想「殺了栽監督」的想法。以栽弘義為主題的書籍《改變沖繩的男人》和同名電影，即便是以紀念栽弘義曾有的貢獻為本而成，但都無可避免的多次提到栽弘義的暴力言行。在電影中，栽弘義因為不滿球員練習上發生失誤，最後乾脆直接叫球員到近到難以反應接捕的距離內，拿球往人身上砸下去。

「勝利至上」是栽弘義的中心思想，他的斯巴達式指導自然也是以此展開。另外，有媒體曾經報導栽弘義說過「在優勝旗幟來到沖繩之前，沖繩的戰後都不算結束」的話語，並依據這話把沖繩戰與棒球做連結。對此栽弘義非常不滿，稱：「我從未說過甲子園贏了就等於戰後結束這種話。棒球就是棒球，我自己體驗過戰爭的最明白這點，把戰爭和棒球做連結，無論對棒球還是沖繩都是失禮至極的。」也因為這樣的關係，栽弘義對於日本內地的媒體始終抱持著不信任感。

但是毫無疑問的，談到沖繩棒球，栽弘義的影響力舉足輕重。不只是他個人獲取的成就，而與他相關的人事物，至今也不斷在沖繩球壇發揮影響力。一九九九年春季甲子園，沖繩尚學高校終於是突破決賽，拿下沖繩棒球史上第一座全國冠軍。此時執掌沖繩尚學兵符的金城孝夫，正是栽弘義在豐見城高校時期的球員。此後金城手下的選手比嘉公也，日後又執教沖繩尚學，於二〇〇八年再為沖繩多添一座春甲冠軍，而這一脈的源頭自然就是栽弘義。

此外，新垣渚、上原晃等沖繩前職棒選手，亦是栽弘義底下門生。即使在近年，栽弘義的影響也有跡可循，例如在豐見城時代三度打進甲子園過的神里昌二，其子神里和毅受到父親影響也踏上棒球路，並於二〇一七年職棒選秀會中，成功以第二指名加盟橫濱海灣星隊。

至於沖繩水產，則在經歷過一九九〇、一九九一連兩年的亞軍後，本來一九九二年也是備受期待，但這一年卻傳出當時二年級生想蹺掉練習，被三年級生以懲處為由毆打的暴力事件，因此遭到禁賽處分。而實際上沖繩水產私下也多次有學生抽菸、未成年騎機車的爭議產生。這被禁賽的一年，也成為沖繩水產棒球隊的分水嶺。

此後的沖繩水產與甲子園漸行漸遠，一九九八年成為栽弘義最後打進甲子園的一年，而逐漸邁入高齡的他，似乎也開始顯露疲態。二〇〇四年，大學期間一手培育栽弘義的瀧正男造訪沖繩水產，順便觀察球隊的練球狀況。這時，栽弘義卻突然問恩師要不要一同先去吃飯，瀧正男感到不解：「現在不是正要練習嗎？」而栽弘義則回答：「沒差，反正今年這樣子也沒指望。」

二〇〇七年三月，栽弘義因為緊急身體不適住院，儘管剛開始手術順利，但後來病情仍然時好時壞。最後在五月因肺炎過世，結束幾乎在棒球場上度過的生涯，享年六十五歲。

我喜屋優小傳（上）：興南旋風至北方大地

一九六八年夏季的某天，那霸港口熱鬧非凡。

人群之中，振奮的太鼓聲聲不絕，亦穿插舞者翩翩的姿態。除了表演者之外，其他民眾更是在港邊擠得水洩不通。

他們等待的，是剛結束甲子園之旅，返回沖繩的興南高中一眾球員。

自從一九五八年的首里高中開始，沖繩的高中終於是能夠登陸日本本島，在甲子園場上與其他日本學校切磋較勁。然而，在甲子園等著他們的，卻是沖繩和日本間巨大的實力差距。沖繩代表校在甲子園的首勝，一直要等到一九六三年，才由首里高中以一分差險勝日大山形開張。

但在一九六八年的興南高中，卻是一路擊敗岡谷工高、岐阜南高、海星高校、盛岡一高等學校，一路殺進到準決賽才敗給大阪的興國高中。但挺進至四強的精采表現，早已創下當時沖繩代表校的最佳紀錄。

因此也難怪會有這麼熱鬧的陣列，迎接他們的歸途之旅。

然而，作為本次比賽中第四棒、興南高中的隊長，此時的他卻為另一件事情所困惑著：

就在他們在甲子園拚戰，順利打進全國四強時，隊伍也接受日本本島媒體的採訪。可是那些記者說出來的問題，卻出乎大家的意料之外。

「你們看到日之丸的旗幟，有什麼感想呢？」

「會說日文嗎？平常你們都是用英文互相交談嗎？」

「帶不回甲子園的土，你們有什麼感覺呢？」

這讓家中懸掛著日本旗，平常聊天當然也是用日語的這位少年，第一次發現到：原來，對日本而言，沖繩是這麼遙遠的地方啊。

即使沖繩的學校也能到甲子園比賽了，但某種界線卻還著實的立在那邊，清楚的提醒沖繩和日本的不同。

說到棒球，這位少年在兩年多前剛進入興南高中時，其實也不是棒球社的一員。如今他身為棒球隊隊長，還奪下全國四強的寶座，這也去過去他未曾預想過的事。

這名少年，名叫我喜屋優。

＊

我喜屋優生於一九五〇年沖繩本島的南部，當初稱沖繩縣島尻郡，如今則被劃分為南城市玉城村的地方。說巧也不巧，那天正是六月二十三日，沖繩戰結束的「慰靈之日」。

現今的南城市稱不上什麼繁榮的地方，然而根據我喜屋優的描述，當初該地的環境更是偏鄉僻壤。雖然眼前有大海，背後有山丘，可是除了美麗的自然景觀以外，就沒有其他足以稱道的東西了。

在那個物資不充裕的年代，幼年我喜屋優就像其他小朋友一樣，必須一起分攤家務。例如幫忙家裡捕魚、幫忙甘蔗田的農活、幫忙運香蕉去市鎮上賣……他在自傳中尤其多次提到運香蕉這件事，還說現在只要到南城市，就會想起和母親一起搬運香蕉的畫面。

他是從看到美軍基地中打球的人們，才開始知道有棒球這項運動。他喜歡這個遊戲，也會模仿大人們丟球的樣子，或者拿美國大兵不要而送給他們的球具傳接球。不過，他喜歡的其實是運動本身，棒球不過是其一。他就是個喜歡跑跑跳跳的孩子，任何活動都想去嘗試看看，海邊、草原、樹叢間都是他的嬉戲場所。或許正是如此，培養了他靈活的運動能力。

他在國中時期先是效力於籃球部，隨後又因為撐竿跳打破當時沖繩縣的紀錄，獲得興南高中的注意，邀請他加入該校的田徑部，而我喜屋也很快地答應下來。

然而他在進入興南高中後，反而被棒球部的練習給吸引，經常跑去觀看球隊的訓練。當然，以田徑部身分入學的他，是不可能一下子說轉部就轉的。在他多次懇求，以及整天往棒球部跑的積極行動力下，才終於是成為棒球部的一員。

成功加入棒球部，可不代表馬上就能受到認可。自知是插班轉進的我喜屋，為了爭取在部內的地位，做起事情來特別勤奮。掃除、拔草、擦球具、洗衣服，大家不願意做的雜務，他就搶著先做。但其實對他而言，過去早習慣幫忙家中各種大小事，這些大家都認為辛苦的工作，反而一點也不算什麼。

很湊巧的，興南高中在那年就打進甲子園，全隊得挑選十八名正式球員和三名後勤人員出征棒球聖地。而做事勤快的我喜屋，就以後者身分被選入名單中。

當時由沖繩出發到甲子園，除了麻煩的出境手續之外，還需要先乘船至九州鹿兒島，再轉搭火車，單趟旅程得費上足足兩天，才到的了這個滿載夢想的大舞台。而對沖繩人來講，滿場觀眾的喝采，彷彿震動著的球場大地，更是前所未見的壯觀畫面。

「我也想在這樣的大舞台上打球。」這件事牢牢記在我喜屋的腦中。

到了高二，他當上球隊第四棒以及球隊隊長。高三重返甲子園球場，一舉奪得全國第四，讓沖繩全島為之沸騰。為了收看比賽，市街如同颱風過境般靜悄悄，更在他們回來時聚集在那霸港舉行歡迎典禮。這件事情被稱為「興南旋風」，於沖繩棒球史上記了一筆。

＊

高中之後，我喜屋因為憧憬日本的六大學棒球聯盟，原先想加入明治大學，但因為家裡經濟無力負擔，只好改以業餘棒球為目標，加入了位於日本靜岡縣的大昭和製紙這支社會人球隊。

對我喜屋而言，這是全新生活的開始。離開沖繩到富士山腳下，面對遠比家鄉寒冷的氣候，每日搭乘電車通勤，社會人士的諸多禮儀等等，一切都是未曾體驗過的事物。

而初次體驗的，還有和同儕間巨大的實力斷層。

大昭和製紙是支業餘強豪，聚集了過去大學的明星選手、國家隊的常客、職棒預備軍等眾多傑出球員。相比之下，「去過甲子園」這個經歷顯得是如此微不足道。而實際打起來更是如此，無論是體格還是球技，和其他球員相比，我喜屋簡直樣樣不如人，也幾乎得不到上場的機會。

就在他心灰意冷的時候，意外注意到同樣隸屬於大昭和製紙公司的田徑隊。

本來我喜屋就不侷限於棒球，是對每種運動都很有興趣的人，因此隔壁田徑隊練習自然吸引到他的目光。其中，他特別注意到室伏重信這位選手。

室伏是擲鏈球項目的選手，贏過日本冠軍、亞運冠軍，參加過奧運，擁有如同摔角選手般強健的體魄。然而他和其他田徑部的練習仍是毫不馬虎，每天為了拚那麼一公分一公尺的紀錄，仍整天奮鬥不懈。透過和他們的交流，領悟了「無論如何，認真將某種能力鍛鍊到極致，總會有用武之地」這道理。

想法改變後，他付諸實行，成功將自己鍛鍊成球隊中背肌最強壯的選手。而見識過田徑隊多種不同的練習方式，我喜屋想起以前什麼都玩，什麼都嘗試的那個童年，發覺到現在的棒球練習菜單太過保守，很多人體潛能都沒開發到，於是也從田徑隊的訓練中學習，彌補原先的不足。

加入球隊第四年，總算是克服挫折看到成果，也漸漸獲得上場比賽的機會。然而，公司這時卻對他下達了指示：

北海道分社那邊缺外野手，你就過去支援吧。

然而誰都知道位於靜岡的本社才是真正的主力，因此這道命令無異於下放二軍，「這邊的隊伍不需要你了」，這點我喜屋心裡自然清楚。

然而他心中也有其他盤算：

既然如此，那就以分社的身分，挑戰本社的業餘霸權地位吧。

＊

相比本州，北海道的棒球發展始終差強人意。畢竟北海道氣候寒冷，每年幾乎只有四到十月的溫度適合在戶外，雪季更是又冷又長，自然因素限制了北海道能運動練習的空間。

因此，同樣是大昭和製紙旗下棒球隊，北海道分社棒球隊卻完全不是靜岡本社的對手。

直到出現了一位不顧外頭下著雪，卻依然在清理著球場，還提議「去練球吧」的球員出現。

這提議自然嚇壞了隊中眾球員。更讓人想不到的是，說出這話的，是個來自再冷也不過十度上下，不知白雪皚皚為何物的南方島嶼的男人。在這個寒冷的天氣下，他身上穿著單薄的衣服，也不像其他人一樣穿著可保暖的內搭褲。

「外面很冷，沒辦法練習。」有人這麼提醒他。

「是很冷沒錯，不過也有老弱婦孺在外活動，不就證明了沒冷到不能動不是嗎？何況我們還是運動員。」

「就算如此，球場都積雪了，也沒辦法練球。」

「那正好，練球之前先來清積雪，還能順便練練身體。」

說這話的男人，抱持著總有一天，要打倒拋棄他的靜岡本社的雄心壯志。而要打倒全國級的強豪大昭和製紙本社，就不得不拼命苦練。

如果有障礙，那就全神貫注迎戰它，和它搏鬥。當有一天，不再感覺到障礙是個障礙的瞬間，正是一個人成長的時候。那個男人信奉這個道理。

而他的行動也確實感動了隊友。在這股氣勢下，讓原本是「失敗組」的北海道分社漸漸起了變化。一九七三年，大昭和製紙北海道打進全國八強，隔年更進一步，奪下了全國冠軍，一舉名揚天下。

「白老町這種鄉下地方，竟然出了個全國強豪。」這個改變不禁讓日本社會人球界嘖嘖稱奇。甚至風波還延續到幾十年後，那時北海道的駒大苫小牧高中的香田譽士史教練，都來向這位在當時掀起波瀾，如今則退去球衣，改在棒球相關教職和各式委員邀約中活動的男人請教。而他還是那套精神：即使下雪，還是要練球。不如說，正是連下雪都要穿著長靴，進行守備練習的球員，那自然面對到全國級的激烈競爭也無所畏懼。

「真是個煩人的老頭。」雖然被駒大苫小牧高中的球員背地這麼說，不過球隊確實也明顯開始成長，在香田教練的帶領下，接連在二〇〇四、二〇〇五年拿到甲子園冠軍，並且培養出了田中將大這位未來橫跨日美的職棒巨星。

然而這位男人，我喜屋優，他的挑戰還尚未結束。

我喜屋優小傳（下）：興南高校・春夏連霸

當初被指派到北海道時，儘管懷著的是滿腔熱血，但我喜屋自認最多也不過待個三、四年，沒想到後來在此奪冠，被選為日本代表隊遠征古巴，也娶妻成家，生了兩位女兒。連退下球衣後也順利轉任教練，在北海道當地四處活動，甚至連原先大昭和製紙球隊於一九九三年改組，他還是以各種身分受邀，出沒於北海道各地。

最後，竟一留就是三十四載。可更沒想到的還在後頭。

已經到了自認會「一直待在北海道」的關頭，他收到母校興南高中的教練邀請。其實從我喜屋自球員引退之後，就時常有高中教練的邀約找上門，其中自然包括興南高中，只是他都沒有答應下來。

然而這次不一樣。當時興南高中的校長，是擁有擔任過Orion啤酒副社長、NHK沖繩局局長等資歷，未來從興南卸任後還當了單軌列車社長，被譽為「沖繩財經界四天王」的比嘉良雄。他為了邀請我喜屋優回到母校，親自到北海道登門造訪我喜屋，當面向他提出了正式請求。

這讓已經年近六十，早打算在北海道終老的我喜屋，陷入了抉擇的煩惱中。最終，他抱著會被拒絕的想法向妻子討論此事，妻子卻告訴他：「比起繫好領帶勞碌奔波的社會人士，一邊喝酒，一邊暢談棒球經的你，更為閃閃發亮喔。」

這妻子一席話支持下，興南高中我喜屋優教練就此誕生。

＊

我喜屋優從南島沖繩，到本州靜岡，又到嚴寒的北海道大地，最後在二〇〇七年踏上歸途，回到久別重逢的母校興南高中。

然而他所見到的興南棒球部，卻是百廢待舉。

曾經創下全國四強，和沖繩水產在一九八〇年代幾乎壟斷沖繩代表名額的那個興南高中，在當時卻已經二十幾年沒再打進甲子園過的學校。而視察野球部的狀況之後，更令我喜屋優吃驚的，是球隊紀律一團糟：球員宿舍內東西到處亂堆，壁虎和蟑螂四處流竄、球員們晚上熬夜，早上又起不來練球遲到、吃東西也挑三揀四，便當剩菜一堆就直接扔光……

看到這個景象：「不要說棒球了，這種散漫的生活態度，做什麼都不可能成功。」我喜屋優的下定決心，在棒球之前，更需要整頓的是球隊秩序。

首先是時間觀。沖繩人出了名的不守時，甚至還有「琉球時間（うちなータイム）」這個專有名詞，形容沖繩人對時間上的隨性態度。就連我喜屋優剛回到興南時，曾經有人舉辦一個歡迎會慶祝他的歸來，然而預定好晚間七點開始的盛宴，最終卻到了超過九點人才比較齊。大人們都如此不注重時間觀念了，更何況高中生。

於是，他向球隊宣布：

「只要練球遲到，就是下二軍。另外，如果有什麼病痛，也請直接告知，不要說些什麼『好像有點感冒』、『好像有點傷』這種曖昧不明的話。若是身體狀況糟糕到無法練習，當然會讓你休息，但如果只是『有點』，那不就代表你還有力氣練習。」

而我喜屋也和妻子一起搬到宿舍，選擇和球員們住在同個屋簷下。妻子也幫忙管理宿舍的環境，眾人的飲食等等，徹底改進球隊作息，早上六點起床、任何行動都在五分鐘前就緒、看到人就要大聲打招呼、用餐好好吃不挑食、對環境整潔要徹底執行……

「你們是無法在一時半刻，就成為日本最強隊伍的。但是比環境清潔可以，請你們先從成為日本最會收拾垃圾的隊伍為目標吧。」

與其把目標放在甲子園那種遙遠的未來，先做好眼前的事情，把一個個小目標解決，這是我喜屋優的理念。

為了培養球員，他還自創了許多奇妙的訓練。其中最特別的課程之一，就是「晨間散步」。

我喜屋在早晨安排十五分鐘的時間，要求所有隊員分散行動，到附近走走逛逛。在這十五分鐘中，隊員必須好好觀察一路上的各種大小事，看景色、聞氣味、聽音聲、感受吹拂等等。當散步時間結束之後，他會隨機點人，請該隊員發表一分鐘的談話，說明他這一路上都看到了些什麼。

我喜屋認為，比起像他如野生動物般的童年，現在的小孩子簡直是被安排好的，時間到了就是要上學、要放學、要去補習班、要去學才藝。於是在一切呵護之中，生物的本能反而是漸漸喪失了。小孩子吃飯，不是因為感受到了飢餓才吃，是因為到了吃飯時間，別人催促下才去的。

他要重新培養隊員這些原始反應，才叫他們去散步感受周遭，回來發表一分鐘的談話。談話內容什麼都行，數有幾根電線杆、遇上幾台車、和路人說了什麼，只要是這十五分鐘的事情都好。棒球是一個瞬息萬變的運動，需要臨場的敏捷反應。同時，這也是在訓練這些球員們的表達能力。

他提倡做事必須要有「魂」、「知」、「和」三位一體的概念。「魂」是奉行著信念行事，「知」是透過各種方式充實自身的才能，「和」則是與夥伴建立信賴，齊心面對困難。他的許多要求也照著這跟方針而做，例如他要求隊友間見面一定要打招呼，但表面上古板的規定，背後卻有著「想要完成任務，隊友間的溝通與訊息傳遞必不可少。而見面互相打招呼，就是對話展開的第一步」如此細緻的理由。

他對球員的態度有著嚴格的要求。曾經他們在外校訓練，一名球員在打擊練習中，將落在腳邊的球踢開。我喜屋見狀，立刻上前訓斥該球員：「這是借來的場地，人家好心提供球場球具給我們，而你怎麼可以這麼不珍惜？給我向對方道歉！」

我喜屋出身自沖繩，他深知沖繩人凡事差不多就好的態度。他認為如果是其他地區出身的人來帶領球隊，大概會覺得「反正沖繩就是這樣」而不會去嚴厲約束球員們。但他自己認為，正因自己出身於沖繩，知道這種態度多半是懶散的藉口，於是更要好好改掉這個毛病。比起棒球，他希望更能教導這些人更多精神上的東西。即使他們未來不打球，但因為受用了這些教誨，在其他領域上發展出一片天，這也是我喜屋樂於看到的。

當然，棒球還是要打，練習也毫不馬虎。過去我喜屋在北海道連下雪都要練，現在自然是連下雨都不放過隊員們。沖繩的梅雨季節不短，一旦下雨就難以在室外練習，這曾經是許多沖繩人為棒球水準不佳緩頰的藉口。

而我喜屋當然不會接受這個理由，即使下雨，球員也得穿著雨鞋雨衣照練不誤。

他給球隊的熱身時間相當多，不少參觀他們練球狀況的外賓，看到球隊過了一小時還在進行熱身運動，都不禁問他：「何時才要開始練球呢？」

而這樣的要求下，逐漸也收到成效。在我喜屋是現役球員的年代，沖繩的代表校進到甲子園，幾乎都難以突破其他學校的代表。後來，栽弘義教練帶領豐見城高中連續打進八強，接著又率領沖繩水產高連續奪得甲子園亞軍，逐步提升沖繩高中棒球的水平。最後在一九九九年，沖繩尚學打下春季甲子園的冠軍，總算是突破這道大關。

然而，儘管沖繩棒球水平明顯提升了，但「夏季甲子園」這關卻還是高懸在那。由於賽制的關係，想在夏季甲子園奪冠，就必須一路從地方到全國聯賽中未嘗一敗，然而直至二〇〇九年為止，沖繩都沒有學校能達成這項任務。

而在我喜屋的帶領下，興南高中先是在二〇〇七年擊敗其他沖繩球隊，重返闊別多年的甲子園戰場，接著二〇一〇年的春季甲子園，則是追隨沖繩尚學的腳步，抱走沖繩第三座春季甲子園冠軍。

然後，二〇一〇年的夏天。

在隊長兼中心打者的我如古盛次、四棒真榮平大輝、以及王牌投手島袋洋獎等人的組合下，先是在沖繩以每場都至少領先五分的姿態，一路殺進了甲子園。接著面對其他地區代表，又是幾乎以九比〇、八比二、十比三這種懸殊差距挺進到四強賽。此時四強的對手，是來自兵庫的報德學園。

和大會之前的連戰皆捷不同，這次的比賽中，興南在第二局就以〇比五落後。島袋洋獎的快速球似乎被對手給掌握到了，察覺這點的球員連忙提醒島袋，之後投捕更換投球策略，總算是沒讓失分繼續擴大。

守備穩定下來之後，興南開始也開始將分數追回來。七局上半，我如古的三壘打總算扳平了比數。之後輪到在前面打出雙殺打的真榮平，在報德內野趨前的守備下，他總算敲出一隻打穿防線的安打，一舉超前比數。興南就以六比五，漂亮的逆轉拿下勝利。

到了冠軍賽當天，甲子園完全是大爆滿的狀態。看台上擠滿高唱沖繩民謠「你好歐吉桑（ハイサイおじさん）」替興南高中加油的沖繩鄉親。整個沖繩縣內也幾乎陷入停頓狀態，路上幾乎看不到人影存在。因為比賽的關係，不少店家紛紛想著「反正今天不會有客人上門的」、「客人何時都會光顧，決賽卻只有這一天」的想法乾脆休息。反而是各個轉播中的電視前都擠滿了人，而興南高中的體育場更是聚集了大批群眾，一同緊盯著投放大螢幕轉播。

而面對高中球界的勁旅東海大相模，以及早就受到職棒鎖定的主戰投手一二三慎太，興南高中也毫無懼色，一口氣狂掃十九支安打攻下十三分。而以罕見「左腕龍捲風」姿勢投球的島袋洋獎，也一路壓制對手，僅僅只在第七局失掉一分，投完九局比賽。

當東海大相模最後一名打者遭到三振，也終於是宣告，自一九五八年首里高中代表沖繩站上甲子園以來，夏季甲子園的優勝錦旗，終於要渡海來到沖繩。沖繩超過半世紀的宿願，終於在此刻完成。

在決賽中擊出三支安打，包含一支全壘打的興南隊長我如古盛次接受賽後採訪，便這麼說道：

「這面優勝錦旗，是全沖繩人一同贏得的。」

從被挑釁似的問著會不會說日文，看到日本旗有什麼感想，如今站上日本第一。我喜屋優也在一路走來，從野孩子、田徑隊員、甲子園四強、社會人球隊隊員、下放到北海道、帶著分社逆襲奪冠、加入了日本代表。之後，回到故鄉沖繩，帶領著育養他的母校，站上日本第一。

「雖然有句話是『井蛙不可以語於海者』，但

那霸野球資料館內「興南春夏連霸」的相關展出

就算是井蛙出身，每天向著天際望去，想著如何才能夠到達外頭的世界，並且竭盡智慧與自身力量實踐，總有一天也是能踏出井外，親眼見識大海。」

我喜屋如此深信著。時至今日，他仍以興南高中的教練，以及校長的身分，將這個精神繼續傳遞下去。

安仁武宗八小傳：永遠的沖繩之星

二〇一八年適逢日本全國高等學校野球選手權大會（也就是俗稱的夏季甲子園大賽）第一百周年，讓本來就很熱絡的高校棒球賽又更增添話題。為了紀念這難得的里程碑，沖繩還特別在地方大會的開幕日中，邀請兩位沖繩出身的前職棒重量級來賓：安仁屋宗八和石嶺和彥進行開球儀式。

當天為六月二十三日，亦為沖繩戰爭的「慰靈紀念日」。二戰期間出生的安仁屋在接受採訪時，也說了：「我很羨慕現在的球員能在和平之中打棒球。希望他們能好好珍惜當下，無悔地面對任何一球。」

事實上這幾天，安仁屋也參訪了如姬百合紀念塔等戰爭相關地點。當他眺望和平紀念館一旁的海景時，不禁感慨的說：「明明是這麼漂亮的海呢。」

原來在沖繩戰爭期間，為了逃難而到海邊，因此溺死或遭到軍隊擊殺的沖繩人不計其數，美麗的海洋與沙灘淌滿了沖繩人民鮮血。例如戰後的民權運動者，並曾擔任過沖繩知事和國會議員的大田昌秀（於二〇一七年六月病歿），就表示他自己在戰爭期間，曾經於沖繩南部的摩文仁（也正是今日的和平紀念館一帶）附近落海並失去意識，最後僥倖撿回一條命。而即使在戰爭之後，那些死裡逃生活下來的沖繩人，還是常對海灘抱持著恐懼。就連栽弘義的傳記中，也提過小時候母親是不准他到海邊游泳戲水的。

或許正是因為沖繩慘烈的過去，加上長久以來政治待遇上的不平等，間接讓看球成為沖繩人心靈上的一種寄託吧。除了高校球兒以外，職棒選手自然也是沖繩球迷們所關心的焦點。可惜沖繩出身的職棒球員雖然不少，能好好站穩的選手卻是不多。而少數在職棒圈發光發熱的沖繩球員中，最具代表性的，就是前廣島、阪神隊的安仁屋宗八了。

*

生於一九四四年的安仁屋宗八，全家在戰爭期間疏散到九州的大分縣。本人雖然已經沒有印象，但曾聽家人說過有次躲避空襲時，安仁屋曾經在一瞬間因爆炸而被活埋過，是在母親拼命搶救下，才從塵土裡找到穿著紅衣的安仁屋。安仁屋事後回想此事常說道：「也許只是差個幾秒，我就不會在這裡了。」

安仁屋從小就接觸棒球，可是受限於戰後物資貧乏，小時候的安仁屋說是打球，但用具其實不過是臨時削成的木棍、完全沒有手套感的手套、重複使用的軟式棒球在隨意玩樂。直到上了國中，安仁屋才拿起正式用具和制服，開始打起「真正的棒球」。

高中時期，安仁屋剛成立的私立沖繩高校（後來的沖繩尚學）就讀。此時的沖繩高校採取重視體育的治校方針，棒球隊也不例外的經常為比賽苦練。

安仁屋高三時，在沖繩大會上與首里高校對壘。首里的教練德田安太郎觀察到安仁屋的噴射球極為刁鑽，交代選手不要去追打那顆球，以抓他的外角速球為策略攻擊，但依舊受制於安仁屋的球威。不僅如此，在第四局和第七局，安仁屋還分別敲出適時安打攻下分數，使得首里高校幾乎可說是「敗給了安仁屋一人」以四比二飲恨，沖繩高校因此拿下沖繩地區的冠軍。

當時的甲子園大賽還沒有一縣一代表制，以至於即使在沖繩大會中勝出，還必須突破南九州大會才能取得甲子園資格。當初一九五八年首里高中登上甲子園時，靠的是甲子園紀念第四十回大賽的舉辦，才在該屆破例改由「一縣一校」的方式參賽。可在其他屆數，水準上的落差讓沖繩的球隊始終贏不過九州宮崎的隊伍，「南九州大賽」也成為一道擋住沖繩前進甲子園的高牆。

不過在一九六二年，以安仁屋為主戰投手的沖繩高校戰勝大淀高校，讓沖繩隊伍總算突破南九州大會，靠著實力進軍甲子園。雖然到了甲子園，第一場即以四比六敗給廣島的廣陵高校，但對比日後於廣島鯉魚隊立下無數豐功偉業的安仁屋，值得紀念的甲子園之行居然也是碰上廣島球隊，回頭看來格外的有緣分。

畢業後的安仁屋在哥哥的邀請下，加入業餘球隊琉球菸草。隨後跟著琉球菸草站上九州大賽的舞台，儘管球隊輸球而未能晉級，可是他的好表現受到大分鐵道管理局的注意。後來大分鐵道出征全國大賽，便指名要安仁屋宗八作為補強選手支援，讓準備到鹿兒島港口回沖繩的安仁屋，還沒搭上船，就一下子又隨著大分鐵道到東京出征。

在東京後樂園球場，安仁屋於對日本生命的比賽中登板投球，雖然球隊落敗，但他的表現又再度獲得球探的肯定。當時有數支球隊鎖定安仁屋，最後率先來到沖繩造訪他的，是職棒廣島鯉魚隊的球探平山智。平山智能捷足先登其實並非偶然，他其實是位美國日僑，因握有美國國籍之故所以不用特別申辦其他身分證明，就能來到美軍託管下的沖繩，才得以搶得先機。

然而獲得職棒球團的邀請，安仁屋起先其實並沒有太大的興趣。當時沖繩的職棒轉播不算熱絡，安仁屋也大概只知道讀賣巨人、王貞治等最有名的球隊與球員而已，因此對「打職棒」並沒有太多想法。且真正帶給安仁屋不安的，是日本本土的生活環境。

當時被美軍託管的沖繩，和日本簡直如同兩個國家，不僅沖繩人渡航赴日需要許可證明，到日本工作也要申辦簽證。除此之外，過去在甲子園、東京等地比賽時，周圍的人都講著一口標準日語，相形之下沖繩出身的安仁屋的日語口音不標準，話語間還夾雜著琉球方言，也讓他感到自卑與不安。

不過打動安仁屋心意的，是大老遠跑來力邀的平山。身為日僑的平山，本身的日語也不流利，結果反而讓安仁屋放心，「原來也有跟我一樣日語不太好的人在」，以及語言不完全通順的情況下，還硬著頭皮來找安仁屋的誠懇舉動，也打動安仁屋的家人。於是，「廣島．安仁屋宗八」就這麼誕生。

＊

成為職棒球員，安仁屋卻也不是就此一帆風順。當時與他同期報到的，另有一位身材魁梧的九州選手被教練寄予厚望，相比不滿六十公斤的安仁屋，則被教練以「這樣也算職棒選手喔？」的懷疑眼光對待。

而職棒大份量的練習，更是讓安仁屋難以招架，許多隊友都私下談論：「那個安仁屋遲早會倒下去吧。」而連安仁屋自己也覺得：「也許哪天我就得回沖繩了。」

但安仁屋最後還是挺了下來，沒有真的被艱苦的訓練擊垮。一九六四年，安仁屋在六月十四號的比賽中，對巨人完投九局失一分，拿下職業的首場勝利。之後安仁屋成為廣島隊倚重的主力投手，年年繳出一百七十局以上，防禦率二點多到三點多的穩定成績。真正爆發的一年在一九六八年，當年安仁屋風光拿下二十三勝，投出驚人的三百一十三點一局，防禦率僅有二點〇七，每局被上壘率更不到一。

安仁屋的好表現，當然也開始獲得沖繩球迷的注意。在電視尚未普及的年代，家家戶戶開始到電器行或各種有職棒轉播處聚集，為的就是即時收看安仁屋的比賽，報紙亦大幅報導安仁屋的功績。沖繩各地開始出現安仁屋的後援會，不少人還因此成為廣島隊的球迷。

靠著速球、噴射球、滑球和曲球搭配壓制打者的安仁屋，其中最為人津津樂道的一場比賽，就是一九六六年七月三十一日與巨人的交手。當時安仁屋投了八點二局的「無安打比賽」，只可惜最後被黑江透修敲出安打而無緣締造紀錄。事後安仁屋本人表示，其實被打安打的當下，並沒有意識到大紀錄從手中溜走，想的反而是：糟糕，下一棒就是王貞治了，一不小心很可能被逆轉。

年年貢獻許多局數的安仁屋，在一九七一年卻突然只留下短短二十九局的紀錄。原來安仁屋是個徹頭徹尾的酒豪，嗜酒如命的他在這一年染上痛風。後來雖然回到賽場，但一九七四年與廣島教練 Joe Lutz 發生不合，被交易到阪神虎隊。一九七六年以全後援的身分上場，投出十二勝五敗，一百四十點二局和一點九一防禦率，拿下該年的防禦率王寶座。一九七九年雖然透過金錢交易回到廣島，但這時又因為飲酒過量引發十二指腸潰瘍而少有上場機會。隔年宣布引退，結束長達十八年的職棒生涯。

這十八年生涯中，安仁屋留下超過兩千局、防禦率三點〇八和一百一十九勝的不俗成績。而在一百一十九勝中，共有三十四勝是透過對戰讀賣巨人隊而來，安仁屋也因此獲封「巨人殺手」的稱號。探究箇中原因，源頭乃是當初在安仁屋逐漸在隊中站穩腳步時，隊上的教練問他：「你已經有點成績了，那麼，想不想更加一步出人頭地？」

教練的意思，是想要在對上巨人的比賽中，多安排有穩定表現的安仁屋上場以增加勝率。而透過接連與全國知名的強豪讀賣巨人隊交手，安仁屋的名聲也確實水漲船高。說起那個年代的巨人隊，是由川上哲治領軍，擁有王貞治、長嶋茂雄等明星強打，創下連九年冠軍紀錄的超級軍團。然而能多次壓制巨人隊的安仁屋，自然獲得了極高評價。

儘管曾為嗜酒過量而苦，但退休轉任教練的安仁屋仍不改酒豪本色。隊伍外出遠征時，他仍經常帶著球員們去暢飲一番，贏了就說為慶祝而喝，輸了就說喝一杯重整心情。一九九一年，罹患腦腫瘤的廣島隊投手津田恒實臥病期間，教練團們在日本冠軍戰前拜訪津田。此時重病的津田，反而擔心起安仁屋的健康狀況，告誡他：「請別喝酒喝過頭了。」而傳為逸事。

之後安仁屋以教練、球評、沖繩春訓期間的臨時教練等身分活躍著。逐漸步入高齡的他蓄起了白鬍子，因和藹的扮相開始被稱為「聖誕安仁屋」。不過雖然長了年歲，他卻依舊保持著相當好的活力。二〇一六年他接受電視企劃，在節目中擔任橫山龍士的餵球投手，必須投到橫山打出全壘打為止。結果他一共投了三百三十球，難以想像此時安仁屋已經高齡七十一歲了。

另外近年關於他的另一個有趣的話題，就屬「安仁屋算」。那是在每年球季開始前，針對廣島隊今年的戰績預測時，安仁屋總是很豪邁地做出「今年可以拿下一〇八勝，就算保守點算也有九十九勝」、「先發投手一共能拿下七十勝」此類極為樂觀的看法。事實上廣島隊史最多勝場，也只有在二〇一六年拿到八十九勝而已。而日本職棒至今以來，單季最多勝場就得回顧到一九五五年的南海鷹隊的九十九勝。而安仁屋的「保守估計」居然相當於史上紀錄，充分展現他退役後，仍是狂熱的廣島隊支持者的一面。

至二〇一八年，安仁屋仍在棒球界發揮其影響力。近年來當廣島在季前開拔去沖繩春訓時，多半也會找上安仁屋作為臨時教練，緊盯著年輕投手的練投狀況。在前去觀賞職棒春訓的沖繩球迷中，不少人也是衝著安仁屋宗八而來。而曾改編成電影的知名漫畫《ROOKIES》（台灣譯名為《菜鳥總動員》）中，安仁屋惠壹的姓氏是參考安仁屋宗八而來。可以看出直到現在，不論是廣島還是沖繩，安仁屋宗八依舊是兩地經常令人景仰的棒球人。

沖繩職棒春訓起源

說起沖繩的觀光，總給人「陽光、沙灘、大海」等等南島夏季風情的形象。確實，數據上來看的話，夏天的確是沖繩觀光的高峰期。但這不代表在其他時間的沖繩就沒有觀光活動。在較不適合海上活動的二月，取而代之的，便是一年一度的「職棒春訓」。

在二月期間，許多準備備戰新球季的隊伍，紛紛都會開拔至沖繩進行訓練，隨之也帶來了大量球迷。我自己在研修期間，公司就經常被委託製作春訓的海報、門票、傳單等相關印刷品。也有來自旅行社的請託，內容是製作「春訓沖繩〇天〇夜遊」的宣傳**DM**。各地會有職棒隊伍到訪的城市，市政府與路邊也紛紛掛起布條「歡迎〇〇隊蒞臨〇〇市」、「從〇〇市起步，邁向日本第一」歡迎球隊的到來。甚至除了日本球隊，近年還有不少韓國球隊也慕名而來，台灣這邊也有**Lamigo**定期前往石垣島，與該地訓練的羅德隊進行練習賽。可說是整個沖繩為了春訓，幾乎是全體動員了起來。

當然，職棒球隊也不是在一開始就把沖繩當作春訓基地了。談起沖繩春訓的源頭，故事要從一九七〇年代開始說起。

一九七二年，沖繩正式從美國軍方管轄的狀態中，「回歸」到日本政府統治。原先的沖繩雖然受到美軍統治，引發了不少的爭端，但是美軍政府自戰後以來在沖繩統治超過二十年，多少也和沖繩經濟有緊密關係了。儘管回歸日本一直是當初沖繩人民的期望，但擔心美軍因此全面撤離，造成客源大量流失的人也不是沒有。

雖然最後美軍基地沒有真的撤光，但日本政府也深知要經營沖繩，經濟上絕不可能只能仰賴美軍。此時日本政府看中沖繩的觀光潛力，選擇以此做為沖繩的主力產業，為此重金籌辦「沖繩海洋博覽會」，希望能帶動觀光的人潮。

「沖繩海洋博覽會」的會期是一九七五年七月到一九七六年一月這半年間，為籌辦這個國際級的活動，日方不僅砸下三千億日圓建設，邀請三十六國政府或民間通力合作，甚至當時的天皇太子，明仁親王夫婦也在會期間造訪沖繩，期待這次活動會是沖繩「經濟起飛的引爆劑」。

然而，雖然現今沖繩作為觀光勝地而為人熟知，在四十幾年前卻不是如此。雖然活動開幕期間確實吸引不少旅客，但很快就後繼無力，原先預估能帶來四百五十到五百萬觀光人次的目標，最後活動結算卻只有三百四十九萬人次，實在不能稱得上成功。儘管留下了海洋博公園等觀光資源，也趁著會期興建了不少交通等基礎建設，可是，許多為了海博汲汲營營，拚一把而砸下重本的沖繩本土業者，卻因為人潮不如預期，相繼出現財政危機甚至倒閉，也讓有人痛批這次的活動：「根本不是引爆劑，是自爆劑吧！」

在這個局面下，若是要吸引更多旅遊人潮，沖繩觀光聯盟勢必得有新的對策。某一天，觀光聯盟事務局的山入端好盛在偶然中，看到後樂園球場要更換草皮的新聞。這位山入端先生雖然自身不懂棒球，但也知道職棒的高人氣，於是在看到這個新聞的同時，腦中也浮現了「不如和職棒界合作，擴大觀光的宣傳吧」的想法。

構想出爐，經歷一些波折之後，最初談成合作的球隊是日本火腿隊。初期的作法為配合球場結婚典禮，新人夫婦繞場接受球迷祝福的同時，也同時宣傳：「來溫暖的沖繩度蜜月吧！」的廣告，試圖將甜蜜、熱情、艷陽高照的形象植入日本旅客的腦海中。另外也希望這些新婚夫婦到沖繩度過浪漫之旅後，能成為宣傳沖繩觀光的活招牌。

就在雙方合作一段時間後，原本都在德島鳴門春訓的日本火腿，剛好打算在這時重尋「氣候更溫暖、更適合活動」的春訓場地。知道這件事的山入端當然不放過這個機會，向日本火腿毛遂自薦「不如就來沖繩春訓吧」。日本火腿答應了這個邀約，一九七九由大澤啟二教練領軍，派了當時的高橋直樹、村上雅則等十二名主力投手，開啟了在名護的春訓之行。

在日本本島，二月是氣溫不到十度的寒冬，但此時的沖繩卻還有超過二十度的溫暖天氣。這樣的練球環境讓眾投手們練得格外起勁，各個練到汗流浹背，非常滿意這次的沖繩訓練行。

不知道是湊巧，還是沖繩春訓真的有收到效果，當年高橋直樹在例行賽中，拿下生涯首次二十勝，隔年加入的木田勇也拿下二十二勝，勇奪當屆新人王。這樣的好成績讓日本火腿決定加碼，在一九八一年季前不再是只有投手，而是整批球隊都帶到沖繩進行訓練，結果該年日本火腿拿下隊史第二次聯盟優勝。在接連成功的經驗下，「沖繩春訓成效極好」這個消息不脛而走，往後廣島、近鐵等球隊也都紛紛投入，沖繩各地也樂於尋求合作機會，終於是開啟了眾家球隊開拔往沖繩練球的時代。

不過對沖繩而言，其實春訓能獲得成功，有一部分也是多虧老天賞眼。雖然因為日本火腿的成功聲名大噪，然而第一支來到沖繩春訓的隊伍，其實並不是這時的日本火腿，而是一九五七年的大映群星隊。但當時天公不做美，連日的雨勢也讓訓練泡湯，自然也沒帶起沖繩春訓的風潮。直到日本火腿這次的成功，才總算為「沖繩春訓」這個詞場開了大門。

當然，帶起熱潮之後，沖繩地方也加緊腳步擴充硬體，設置室內練習場等應對突如其來的天候狀況。球場也不斷的增設訓練所需的空間和器材，而隨著春訓帶來的人潮，賺上一筆觀光財的沖繩又繼續把經費提升球場硬體，形成良性循環。

到了二〇一七年，推算出來的沖繩直接及間接的經濟效果，已經來到一〇九億五千四百萬日圓的驚人數字。若以球團分別，佔最大比例的為阪神虎隊的三十五億六千四百萬日圓，其次為讀賣巨人隊的二十二億三千萬日圓。而除了表面上看得到的經濟收入之外，能夠近距離欣賞職業球員的打球姿態，對沖繩年輕球員也有莫大的學習價值。一個職棒春訓，帶來的是眾人受惠的多贏局面，這恐怕也是當初沒人能想到的意外驚喜吧。

歡迎阪神隊的巨幅看板

沖繩・記憶

琉球王國的大航海時代

「吹過海面的風，乘載著夢之氣息……」這歌詞來自日本NHK大河劇《琉球之風》的主題曲〈階—きざはし—〉，該劇改編自台裔作家陳舜臣的同名小說。作品內容以琉球人「楊啟泰」為主要視角展開，描述琉球王國自薩摩藩入侵至明末清初這段期間的故事。在劇情後段，啟泰為了重振琉球勢力，組織船隊毅然投身於海商世界，想以「公司」這個有別於「王國」的新時代模式，將琉球精神繼續延續下去。

即使啟泰並非真實歷史人物，但回顧那個時代的「琉球王國」，確實不斷派遣船隊於東亞及東南亞的海域中搬有運無，遠遠早過爾後出現的荷蘭、葡萄牙等西方國家。藏書票上中國式帆船圖樣，正是接近當初船隊主力使用的戎克船樣式，看著它，想像中的琉球王國船隊在海上闖蕩的樣子，不禁又在腦中浮現。

為何琉球王國會開啟「大航海時代」，最大的關聯就是明朝的海禁與朝貢政策了。當時明朝政府為防堵倭寇等原因，禁絕了大部分的私有船隊出海，使得外國難以通過合法管道與明朝進行商業交流。可是，各地依然對中國的瓷器、絲綢等商品有著迫切的需求，而少數能合法獲得中國商品的管道，就是藩國與「大明王朝」的朝貢貿易。

朝貢除了能得到中國政府的賞賜之外，也被允許和官方指定的商人交易。於是琉球王國看準了這點，積極的向明朝派遣使節船隊。一三七二年察度王首度對明朝的朝貢，可以說是琉球航海活躍的起頭。根據推估，琉球王國一共對明朝進貢了一百七十一回，幾乎到達了接近一年一回的程度，而第二名的安南（越南）也不過才八十九回，僅僅這個數字差，就可以想見朝貢船在中國與琉球間的往來是多麼頻繁。小說中的楊啟泰，亦是設定為中國官方使節團成員之後的琉球人。

除了中國貨品之外，琉球王國也積極輸入日本的刀劍、漆器，朝鮮的木棉等物件，接著改變方向，一船船往南開去，將這些東西轉手給東南亞各國。以暹羅為例，琉球王國的船隊會把大量的中國和貨品，拿去和暹羅換取酒類、編織物、能製成紅色染料的蘇木等等。而不只暹羅，爪哇、安南、巨港、甚至馬六甲和蘇門答臘等等，都曾出現過為求貿易而來的琉球船隻。甚至在一份葡萄牙的文件中，還有琉球船隊到達過印度的說法。在與東南亞交易後，琉球又將得手的香辛料、胡椒這些東南亞特產往北運，作為進入中國朝貢和貿易的主力產品。

較為特別的是，這些海上貿易活動，大多以琉球王國的官方名義在進行著。琉球幾乎沒有民間的商業船隊，而以國家為名支持的船隊，自然也帶有外交使節的性質。後來葡萄牙佔領馬六甲後，便透過當地人得知琉球船隊「個性正直」、「較中國商人富有且具品味」、「絕不出賣自身同胞」、「不做長久停留，交易完即離去」等有別於一般商船隊的特殊性格。

在這個背景下的琉球，自然成為各國人士與文化薈萃的中心。琉球王國本身熱衷於中國文化，還曾經以交流為名義，得到明朝政府派遣的移民集團「閩南三十六姓」。日本僧侶也頻頻造訪琉球，甚至有說法認為，如今沖繩著名的「泡盛」酒，其源頭便是來自於暹羅交流後所習得的釀酒技術。而這個時代下完成的「萬國津梁之鐘」，便銘文刻道：「琉球國者，南海勝地，而鍾三韓之秀，以大明為輔車，以日域為唇齒，在此二中間湧出之蓬萊島也。以舟楫為萬國之津梁，異產至寶，充滿十方剎……」充分描述琉球王國以身為「萬國津梁」而自豪著。

不過說到舟船，令人意外的是，支撐住琉球王國在大洋間四處闖蕩的船隻，其實並非琉球本身的船，而幾乎都是由明朝政府所賜予的。船隻受損時，也多為向明朝政府要求修理，或者更換新船。直到後來明朝國力衰退至滅亡，沒有餘力提供船艦支援時，琉球才轉以舊船和自造船為主，但船型大小也從原本長五十至六十米、寬九至十八米，變成只有長二十至三十五米、寬七至十米的規模而已。不過，琉球王國以中國造船技術製造的「マーラン船」亦廣泛的被運用在琉球群島的輸送間，甚至一直到大正年代都還有使用。由於名稱相近的關係，藏品「ラーマ船」的名稱極有可能來自於「マーラン船」的誤記。

除了船之外，在航海人員上，琉球王國也非常倚賴中國方面的技術。船隊上擔任相當於船長職位的「火長」，大多數都是由歸化琉球的華人擔當，通譯成員也經常是華人負責。前述所提到的「閩南三十六姓」出身的相關人士，在這裡就發揮了巨大的助力。閩南三十六姓出身的人亦有在琉球王國中出人頭地者，《琉球之風》中寧死不屈於島津的謝名親方（鄭迵）即是其中一人。

直到十六世紀末十七世紀初，受到歐洲商隊的強力競爭、東亞又因各國國內情勢動盪，海域的治安失去控制、以及後來島津侵略並控制琉球王國等諸多因素，曾經馳聘四海的琉球船隊才逐漸沒落下來。儘管和中國的朝貢關係一直維持到清朝，但盛況已經大不如前。陳舜臣《琉球之風》主角啟泰組織船隊的背景正是此時，故事中他還結識了顏思齊與鄭芝龍一夥，並為鄭芝龍新生的兒子取名「福松」（鄭成功），還在爾後鄭芝龍降清時，打算勸福松進攻台灣作為據點。

《琉球之風》是虛構與寫實參半的歷史小說，而談到真實史料部分，與琉球王國海上活動相關的紀錄，絕大多數被記載在琉球國官方所編纂的《歷代寶案》之中。經歷「琉球漂流民殺害事件」（牡丹社事件），明治政府正式廢除琉球王國後，該書也分別置於東京和那霸圖書館保管。然而東京館藏在一九二三年於關東大地震意外燒毀，沖繩方面的館藏則在一九四五的沖繩島戰役中散逸，讓相關研究者苦惱不已。好在一九四〇年，曾有學者手抄《歷代寶案》共二百四十九冊，並交由台北帝國大學保管，才保留了該文件最完整的樣貌。台大也在一九七二年加印該書，贈送三套給沖繩縣政府，表達兩地友好的情誼。也正因如此，今日的我們才得以從一紙沖繩船隻的圖樣，窺探那個滿載夢想，揚帆啟航的琉球王國版大航海時代。

本文發表於 SOS reader「拾藏：臺灣文學物語」台文天文台系列，
對應展品「沖繩のラーマ船藏書票」。

有一位名叫奧間大親的農民，因為生活貧困的關係，一直沒有結婚。有一天他結束農活後到河邊清洗時，發現一位女性正在河邊洗澡。那位女人的美麗，是世間任何言語都無法形容的。奧間大親發現女人的衣服就掛在附近的枝頭上，便趁著她不注意，偷偷地取下衣服藏起來，然後裝成若無其事的樣子出現在女人面前。女人見到奧間大親嚇了一跳，想找衣服卻發現不見了，便開始哭泣。

奧間詢問她哭泣的原因，她才表示她其實是天女，但若是失去了羽衣，她就無法再回到天上了。奧間便告訴她，在找到羽衣之前可以先住在他那裡，天女同意了。後來兩人結為夫妻，生下一男一女。有一天，天女透過女兒的歌聲，找到被藏起來的羽衣，於是便不捨的向一家人道別，飛向不知何處。而「天女之子」被取名為察度，後來出人頭地，當上了中山王國的國王。

這是「羽衣傳說」故事琉球版。「羽衣傳說」在東亞文化圈流傳甚廣，核心劇情都是男子偷了仙女衣物使得兩人相識，甚至發生進一步的關係。台灣較為熟悉的乃是牛郎織女版本，兩人相愛後又被迫分離，以及鵲橋等七夕傳說。

但相對牛郎織女強調愛情的部分，琉球版的羽衣傳說特殊之處，卻是在於它解釋了一位君王的起源。歷史由勝利者寫成，加上過去多少有些迷信，所以後來許多功臣名就的人們經常都伴隨著一些奇妙傳說，好比被說是某某神祇的轉世，或者年輕時曾受到仙人指點，以及擁有某種如指揮動物及無生命體的超能力等等，用以誇耀其天生的王者之相。

這樣的習慣，吹進相鄰的琉球王國之中到底也算正常。奇妙點在於偏偏選用羽衣傳說這個故事做起頭，畢竟這是一個起於竊盜的故事。以牛郎織女來講，還有牛郎不工作、不符名分，織女只是希望早點拿回羽衣回天界的版本，並不是多體面的一則傳說。但察度這個「中山王」可是來頭不小，當時琉球是處在「三山」三國分立的時代，而中山國是其中最為強盛，也是後來開啟了對明朝的朝貢關係，統一三山獲明朝贈賜「琉球」的勢力。套在中國的說法，察度也相當於是琉球王國「太祖」級的人物了，雖有為了強調血統高貴之意（天女之子），但在會反省傳說中的性別與竊盜行徑等等的今日，難免多少感到尷尬。

不過可以確定的是，不可思議的傳說在琉球王國史中其實相當常見。就察度本身就有另一則傳說：當初勝連地區的按司（地方貴族之意）之女要出嫁，但始終沒有合適對象。此時還只是個窮困農民的青年察度自告奮勇去見她，沒想到按司的女兒見其舉止異於常人，反而看上了眼，在和父親百般央求下與察度成婚。等新娘來到了丈夫家中，才發現丈夫的屋宇內和田地裡到處都是金塊。她立刻向察度解釋這些金塊都是高價之物，於是察度便將它們拿去和日本商人交易，變賣後買鐵打造成農具分送給農民，因此得到了人望。

也許沒有天女這類超現實情節，但四處散落金塊卻無人問津，也是夠離奇的。而另一個更值得懷疑的點，就是類似的故事在往後的尚巴志身上又上演了一次。

尚巴志是統一三山，成立琉球國的君王。我個人多次在沖繩發現有一些主打「琉球戰國」的書籍或媒體，其中都不約而同的將尚巴志推崇為代表人物。而他的傳說是其年少時獲得一把名劍，一名來到與那原貿易的商人看上這把劍，便用整船的鐵和尚巴志作交易。尚巴志得到大量的鐵後，便將這些鐵打造農具分送給農民……基本上除了黃金改成名劍，內容物是相同的故事。

然而說到重複，這也不是唯一一個超過一次出現在琉球王國史中的劇情公式。傳說尚真王有三位妻子，其中一位紀錄上為「茗刈子之女」。根據《球陽》記載，茗刈子乃是一位安謝邑的農民，有天他去河邊洗滌，見到了一位美麗的女子，便偷藏起她的衣物……是的，接下來的發展，就和察度版本的天女傳說一模一樣，就連最後是女兒的歌聲中找到羽衣也是相同的，差別就只在人名的更換上而已。

說起尚真王，他是一四七七年至一五二六年在位的琉球國王。他的在位時間明顯較其他國王長，也確立了國內的許多制度，強化了中央權力，是一位王國發展上不得不提的重要君王，現今被登錄世界遺產的「玉陵」（位於那霸市首里）就是由他所建。然而關於他是如何既位為王的，還是免不了伴隨著一些故事。

琉球王國並沒有王位一定是傳給嫡長子的習慣，而尚圓王在一四七六年過世之後，本來預計將由尚圓王的弟弟尚宣威繼承。在登基那天，正當尚宣威踏入宮中準備即位之時，神女們卻不是站在本來該站的東面，而是在反側西面。在宗教有強大影響力的琉球，新王繼位一向有著眾神們降臨附身祝女，授予神號的儀式，因此祝女們不尋常的舉動驚動了所有人。此時祝女又開口朗誦：「君臨首里的太陽啊／憐其愛子麒麟兒／神前奏歌且起舞。」

這裡的「愛子」就是尚圓王的兒子，當時還年幼的尚真。尚宣威瞭解天神旨意如此，便遵照其命退隱，將王位讓給了尚真。不過比起前面一些離奇的傳說，這則故事倒是透露出一絲政治鬥爭的味道。若不以神鬼超現實方向思考，祝女的奇異舉動顯然經過計畫，而現在的主要說法，都將矛頭指向尚真王的生母宇喜也嘉為了讓兒子繼承大位，才會謀策這一齣。

這則故事大概也是諸多傳說中，「原創性」相當高的一則。有時一些傳說雖然沒有光怪陸離的情節，但並不代表沒有疑似參考他人之手的痕跡。好比尚真的長子尚維衡失勢一案。傳說尚真寵妃華后為了讓自己的兒子尚清獲得繼承權，便計畫陷害尚維衡。一天，她將蜂蜜塗在自己胸前招來蜜蜂，尚維衡見狀便上前替她驅趕，沒想到華后卻依此控訴尚維衡對她非禮，尚維衡因此遭到尚真王的罷黜。這個故事，和傳說在中國春秋時期，晉國的驪姬陷害申生的典故是完全同一套情節。

不過尚維衡世子地位確實曾遭到廢止，日後繼承尚真王王位的，也正是華后的兒子，排行第五的中城王子尚清。如同許多發生在琉球王朝間的傳說，既然缺乏有力的證據說明來龍去脈，也難怪會給予他人遐想的故事空間了吧。

島津入侵與《琉球之風》

一九九三年開播的《琉球之風》是目前NHK大河劇系列中，唯一一個以琉球王朝歷史為主題製作的劇碼。相對於其他大河劇多是為期一年的長劇，《琉球之風》僅僅播放半年左右，話數為二十三回。此外擁有歌手演唱的主題歌曲，也是與其他大河劇的不同之處。至於拍攝劇作的場景在現今沖繩讀谷村，目前場地轉型為主題園區「体驗王国むら咲むら」，提供潛水、三線、陶藝等多種文化及觀光體驗活動。劇本的同名小說則是由台籍作家陳舜臣寫成，描述一六〇〇年代日本薩摩藩進攻琉球王國前後的故事。

以史實來講，琉球王國靠著尚真王長期統治下，在十六世紀前後得到了一段安定期。不過此時的東北亞各國卻正漸漸走向動盪之中。明朝有著外患與倭寇等問題，內政上雖曾有過變法與萬曆中興，可到世紀後段又發生神宗不上朝的事件。日本則步入了戰國時代，豐臣秀吉統一日本後又揮兵攻擊李氏朝鮮，加劇了東北亞的亂象。而依靠與各國貿易和交流為主軸的琉球王國，自然也被捲進了這一串風波之中。

本來的琉球王國為了貿易，就和日本保持著一定的關係，特別是南九州的薩摩島津勢力。然而隨著時間過去，島津對覬覦琉球的意圖是日漸明顯，姿態也變得越發輕蔑琉球。豐臣秀吉統一日本之後，曾透過島津要求琉球入貢，而島津交給琉球方的書信上有著「各國都震攝秀吉的威光而紛紛遣使祝賀，然而琉球卻毫無反應。若是不盡快送使將有損島津威嚴，屆時就是不派幾條軍艦便無法解決的事了……請立刻下決定」等內容，十足的展現高壓的態度。當時琉球的尚寧王剛繼位，在避免觸怒日方的考量下，便應要求派遣使者向秀吉祝賀。然而，秀吉卻將此行為視為琉球已自認從屬於日本。

後來秀吉征伐朝鮮，島津對琉球宣稱豐臣秀吉下令薩摩與琉球需合計出兵一萬五千人，然而琉球兵無實戰能力、不黯日本軍法之故，所以改為要琉球提供七千人的十個月分軍糧和名護屋城的建築費用，以及對用兵一事保密。有說法認為豐臣下令琉球動員的命令為真，然而改以高額的錢糧代替，則是來自島津的藉機楷油。以琉球國的立場來說，日本征伐朝鮮勢必會與明軍一戰，而明朝是宗主國，等於資助日方無異於背叛明朝。但若是無視要求，恐又遭致日軍的攻擊，只好折衷給予要求量半數的糧草，剩下部分以無力負擔為由推託，並還是將日軍出兵朝鮮之事通報了明朝政府。

秀吉後來在朝鮮戰役的途中身故，日軍就此撤離朝鮮，國內情勢則逐漸落在德川家康的手中。德川一方面希望能控制琉球，一方面有意與明朝恢復經貿關係，寄望琉球能居中斡旋。這時剛好發生琉球船隻漂流至仙台境內的意外，德川便命令島津將這批難民送回，甚至還下達每一個琉球人出事，就懲處五名島津家臣的嚴令。島津順利完成使命後，便催促琉球需派人向德川獻上聘禮以示感謝之意。而有了過去的經驗，琉球認為遣使將再度被擅自認定為臣服日方，可是一樣擔心遭到日本攻擊，內部便有了一番爭執。最後尚寧王採用鄭迵（後來的謝名親方）建議，決定不向德川覆命。幾年後又再發生琉球人漂流到平戶的事件，日方再度將琉球人送還，並仍然提出要求，但琉球還是不為所動。

後來島津以此指稱琉球無禮，作為口實從德川方得到了出兵琉球的許可，但沒有立即行動。原因是當時明朝的冊封使團即將按往例來到琉球，宣布承認尚寧繼承國王的職位。趁此機會，琉球方想和明朝商議開放中國商人來那霸經商，如此一來日本商人便能藉此與中方交易，達成德川方的期望好對其交代，對琉球也是有益的事，但最後明朝拒絕了此提案。日方認為琉球多次回拒要求。在與明朝斡旋上又辦事不力，加上島津自身在關原之戰中屬於戰敗的一方，需要一個紓解敗戰後內外困難的出口，因此攻擊琉球至此幾乎已成定局。

一六〇九年二月，島津大將樺山久高率領三千人從鹿兒島出發，三月底踏上了沖繩本島，四月軍勢進入那霸。雙方雖有交戰，但大致而言琉球軍都不是島津軍的對手，最後尚寧王投降被俘，與許多大臣被強押至日本。他們先後隨島津見了德川家康，以及剛繼承江戶幕府將軍的家康兒子秀忠。在德川的授意下，琉球王國避免了被廢除的命運，不過島津之後制定了「掟十五條」，實質控制琉球的各項權益，並強迫尚寧王一行簽名。但其中一直主張不與日本妥協的謝名親方始終不肯，最後遭到島津的處斬。

現今的說法認為，江戶幕府的用意是不希望薩摩完全掌控琉球增長實力，一方面還是希望琉球能扮演與明朝對話的中間角色，因此沒有廢除琉球，於是琉球至此開始成了同時從屬於日本與中國的狀態之下。不過與明朝的談判並不順遂，獲悉琉球已遭日本佔領的明朝，先是停止了朝貢貿易，在琉球的請求之下，又以「等琉球經濟恢復再上貢」為由只准許十年一貢，後來再放寬為五年一貢，但都遠不及原本的兩年一貢。

而寧死不屈被處決的謝名親方，在《琉球之風》有著更鮮明的描述，甚至活躍程度毫不遜於身為主角的楊啟泰。在陳舜臣的想像下，謝名親方不只是公開與島津對立，私下更是為了守護琉球而有著許多行動。他曾計畫向明朝請求援軍保衛琉球，或者至少放出出兵的消息制衡島津。這些都落空之後，他又策謀利用島津內部的對立掀起動亂，並且透過海上管道蒐集火槍。最終雖然琉球國被攻佔，身為俘虜的他，還是靠著一封密函讓啟泰拿到創建船隊的資金，為琉球復興種下了一顆種子，貢獻了最後的心力。而在他被處死後，整部故事的節奏也明顯加快，直奔轉往海上發展的啟泰與為滿人所滅的明朝。

只是島津做為勝利者，謝名一度在史料上被抹為是招致琉球滅亡的原兇，還曾有「謝名」被改寫為「邪名」之事。直到隨著時間過去，謝名親方才逐漸被平反，不事二主的忠義形象也開始受到讚頌。現今那霸靠近波上宮一帶的旭丘公園內，也有著「謝名親方利山顯彰碑」，紀念這位以身殉國的琉球忠臣。

命運的張子

「張子」是一種以黏土、木材或竹子製成雛型，貼上紙張裝飾後完成的玩具飾品。據說張子早在中國二世紀便已出現，之後在平安時代左右傳入日本，又約在十七世紀經由日本傳入琉球。一般的張子多以製成不倒翁、人形、動物形狀居多，「張子老虎」便是最常見的種類之一，隨著時代的改變，現今也有做成機器人、動漫人物的張子藝品出現。

在沖繩傳統習俗中，舊曆的五月四日這一天是名為「ユッカヌヒー」的節日。當天除了舉辦龍舟大賽祈求海上平安之外，戰前沖繩也將這一天認定為兒童節，會在龍舟賽會場中以及各處開設市集販售兒童玩具。由於在過去物資不充裕的年代，像這樣父母會買玩具給孩子的機會並不多，於是精巧玲瓏的「張子」便是這個時候的熱門商品。而「張子老虎」啟用威武的老虎形象，除了適合小孩子把玩之外，另外還有祈求兒童能順利成長茁壯的涵義在裡頭。

可惜的是，受到沖繩戰役影響，許多張子成品和技術都消散於戰火之中，使得此一技藝在戰後急遽衰退。所幸在後來，一名叫做豐永盛人的沖繩藝大學生赴美遊學時，為當地美術館展示的非洲雕刻品所啟發，感受到以在地氣息孕育出的藝術品是多麼可貴，於是在朋友介紹下投身張子的研究，盡可能的探訪遺留下的琉球張子，以及向日本學習技術。經過一番調查後，總算是在那霸出師，開設了自己的張子店面，讓「沖繩張子」得以在今日留存。

話說回來，除了字面上的張子玩具的意思之外，其實「張子老虎（張り子の虎）」一詞在日文亦有虛張聲勢，外強中乾的紙老虎之意。

例如清朝末年，儘管受到西方列強的壓迫下，到底中國還是個坐擁廣大領土的巨大帝國，國際也多少保存少許敬畏稱之「沉睡的獅子」。但是在甲午戰爭，開打前被認為占盡優勢的清軍卻輸得一敗塗地，威嚴盡失的清帝國便遭到部分人士嘲諷，認為其已經只是徒具外皮的「張子老虎」。

這隻「張子老虎」的挫敗，大大的影響了東亞的局勢。早先在「琉球漂流民殺害事件」後，得到國際認可琉球所屬權的日本政府，於一八七九年正式撤廢琉球王國，改立沖繩縣。但琉球人並非瞬間接受了日本如此蠻橫的行為，許多不滿的琉球仕紳便四處奔走，期望能藉由清朝的力量奪回琉球，但行動最終因為甲午戰爭的挫敗而化為泡影。日本為了向沖繩宣揚戰果，還刻意將派遣至台灣的船隻於旅途中停留那霸港，並讓準備至台灣上任的官員於停留期間發表演說。沖繩學者伊波普猷便曾記述道「（前略）……由於日本的勝利，台灣也成為日本的領土，御用船經由那霸開過去，即使是那些頑固的人們也不得不相信日本的勝利。」

台灣和沖繩就這樣被納入同樣日本領下，一邊被教育作為皇民及為了帝國南進而持續開發，一邊承受日方的歧視和經濟榨取。直到一九四五年，新的命運分歧點出現：美軍放棄台灣的進攻計畫，改選擇以沖繩作為目標攻擊，於是爆發了「沖繩島戰役」。沖繩人往前要面對進攻中的美軍，往後則是沖繩人毫不信任，懷疑他們與敵方合作等原因，任意命令他們自盡的日本軍隊。在這樣的狀況下，沖繩戰役死傷超過二十萬人，其中多是一般平民。之中也有台灣籍人士死於此戰中，現今知道並刻立於沖繩和平祈念堂的名字有三十餘位，但根據以研究台灣與沖繩關係著稱的又吉盛清教授之說法，真正身亡的台籍人數應超越這個數字，而達至數百人才對。

散佚的張子技術，也是沖繩戰帶來諸多改變中的冰山一角。戰後沖繩為美軍所管領，台灣則是迎來了中國國民黨組成的政府。曾經來台當過警員、到中國協助孫中山的沖繩人新垣弓太郎，戰後希望能借助國民黨的力量實現琉球獨立之夢，但最終沒有成功。新垣的同伴喜友名嗣正在一九七二年沖繩回歸日本統之後仍積極宣揚理念，但成效不彰，琉獨派投身選舉亦遭到挫敗。然而今日沖繩仍有許多自戰後以來的問題，如美軍基地、戰爭責任等懸而未決，卻也是不爭的事實。沖繩或許就像張子玩具一樣，至今仍被列強擺弄於股掌之上。

不過，也有許多像豐永盛人一般，毅然投入復興鄉土文化的年輕人存在。今日沖繩縣即使政治上多受牽制，但探尋及推廣自身文化上卯足全力，打造出了「沖繩」這個品牌的強烈辨識度。就像張子技藝一度為戰火所吞噬，然而在新一代的努力之下又浴火重生。而文化與歷史兩端上和沖繩都有相似之處的台灣，我想這正是值得學習的一種精神吧。

本文發表於SOS reader「拾藏：臺灣文學物語」台文天文台系列，對應展品『藏書票—沖繩張子虎』。

沖繩麵的由來

沖繩麵（沖縄そば）是如同台灣的牛肉麵一般，在沖繩街頭巷尾都能見到的平民美食。經過細心燉煮過的湯頭，搭配軟嫩且帶有些許甜味的三層肉或帶骨肉，加上充滿嚼勁的麵條，使得沖繩麵不僅深受當地人喜愛，也是外地遊客趨之若鶩的特色美食之一。根據「那霸市觀光統計：平成二十九年度版」（二〇一七年）資料顯示，在「最令人滿足的飲食商品」項目中，雖然第一名為「牛排」，而二、三名則由「沖繩麵」與「帶骨肉沖繩麵（ソーキそば）」分佔，且將兩者統計數據相加後，即可超越牛排來到第一名之位。

對台灣人來講，見到沖繩麵的時候，應該會迅速察覺到比起拉麵和蕎麥麵等常見的日式麵條，沖繩麵其實與台灣、中國的麵條更加接近。

有一說認為，沖繩麵最早的來源可追溯至明朝時期。在一五三四年琉球王國的尚清王即位當時，明朝大臣陳侃曾以冊封使身分來到琉球，而在他的〈使琉球錄〉的「諭祭文」一段中，有著「祭品：牛一隻，豬一口，羊一羫，饅頭五分，粉湯五分……」的記載，這裡的「粉湯」被認為有可能就是早期的一種琉球麵食。而在明朝使團飲食所需的食材清單中，確實也有製麵所需的小麥粉。不過因為沒有直接證據，所以陳侃寫的「粉湯」是否真的就是沖繩麵的前身，贊成和反對兩派都有，然而可以確定的是，在與中國頻繁往來下，一些中式料理確實因此進入琉球，「粉湯」這類麵食亦是其中之一。

另外無論真相到底為何，在這個階段中，這些食物多在琉球貴族間流傳，對一般平民幾乎可說是無緣的。到了琉球王國滅亡，日本全面統治沖繩時，先是有中國人在那霸經營了「唐人麵」店鋪，接著藉由在此研修料理的當地人，逐漸將此類麵食料理散播出去。到後來製麵機開始普及化，也讓越來越多的一般平民得以享用到這道美食。

隨著沖繩海外移民的出現，也意外的將沖繩麵帶到國外，在夏威夷、巴西、玻利維亞、加拿大等曾有沖繩移民造訪的地方，都能看到沖繩麵的存在。甚至現在巴西的大坎波市（Campo Grande）還將沖繩麵認定為該市的鄉土料理之一。

回到戰前的沖繩，此時的麵食料理雖蓬勃發展，但名稱方面卻是一團混亂的狀態，從「支那麵（そば）」或單純以「麵（すば）」到「琉球麵」的稱呼都有。隨著中日關係日益敏感，那霸警察署長在一九一六年訂出了以「琉球麵」作為名稱的規定，然而並沒有確實的執行，支那麵等名稱還是在民間廣為使用。後來中日雙方正式開戰，傳說曾因為一些到沖繩的日本軍官看到「支那」產生誤會，有和店家起衝突的事件。

二戰末期，沖繩戰役重創了沖繩本島，本來林立的沖繩麵店也大多毀於戰火之中。然而新生的契機倒是很快的到來：為了應急基本的食糧需求，美軍將大量小麥輸入沖繩，在一九四六年十二月的宇流麻新報上，就記載了「小麥一千萬磅於那霸港卸貨，緊急送往各地倉庫」的新聞。為了有效的將這些小麥轉化為食物，加上因為戰爭讓許多男性陣亡，許多女性必須一肩扛下扶養重擔，於是讓眾多沖繩人紛紛投身於麵料理的製作與烹飪之中。於是這碗麵不只在戰火後獲得重生，更戰後重建的艱辛中餵飽了許多沖繩人民，此時名稱也才終於逐漸統一為現今熟悉的「沖繩麵」。

不過距離沖繩麵之名大勢底定，還有一段插曲：一九七六年，沖繩縣生麵協同會的理事長土肥健一收到一則通知，寄件者為「全國生麵公正取引協會」，內容表示：「由於沖繩麵（そば）皆由小麥粉製成，原料中並未使用任何蕎麥粉，違反蕎麥麵（そば）需要蕎麥佔成分百分之三十以上，小麥百分之七十以下的規定，因此必須進行名稱更改，未來不得再使用そば之名。」

接到通知的土肥非常不能諒解，他認為「沖繩麵」之名不僅早已是習慣稱呼，而且名稱上還蘊含著這道料理背後的種種，實不宜再做改變。他呼籲此事必須嚴正看待，然而在他堅守立場的同時，其他沖繩人的反應卻顯得冷淡。縣府人員不贊同上訴抗爭，熟識的製麵師傅雖有不滿，卻也僅僅表示無奈而已，並沒有對「沖繩麵正名運動」有明顯的支持意願。

不過土肥看穿這一切有所蹊蹺。大家其實不是覺得輕易放棄「沖繩麵」這個名字沒關係，而是當時沖繩剛脫離美軍政府統治，回到日本統治轄下不久，社會充滿了對未來的不安，更不敢明顯忤逆日方要求的氛圍之下，才會對這個議題消極以對。了解到這點的土肥，下定決心乾脆自己一人行動。

首先他自己煮了麵，帶了食器用具，直接殺到東京食糧廳處，要求他們品嘗麵條，並且向他們解釋沖繩麵是怎麼樣的一道料理。然而經過幾個小時候放置的麵，試吃的官員們理所當然的做出「不好吃」的回應，這時土肥馬上當面邀約：「在你們家鄉的食物，一定是在家鄉吃味道才是最好的吧？既然如此，那就來沖繩吃吃看吧。」

此後土肥以一個月平均一到兩次的頻率，積極前往東京遊說。其間也帶過一些官方人士來到沖繩，讓他們了解道地沖繩麵的滋味，或者參觀沖繩麵製作現場，提供相關資料等等。在努力不懈的交涉下，一九七七年協會宣布「沖繩麵」的名稱可以保留，然而允許使用範圍只可在沖繩縣內。

但土肥對這個折衷結果並不滿意，他認為沖繩麵這個名稱無法在向外流通，那麼爭取的意義就打了折扣。這時他想到一個方法：既然單以「沖繩麵」不能合格，那乾脆改以「本場 沖繩麵」的方式進行名稱登錄。因為加了「本場」兩字，便可像「札幌拉麵」、「讚岐烏龍麵」一樣，身為某地的特色料理至沖繩縣外使用，就可以不牴觸規則，又保留了「沖繩麵」的部分。

然而為了爭取正名，日本食糧廳又開出了新的難題，要沖繩方繳交能說明沖繩麵之在地特色的相關文件。可是雖然是一吃就知道與日本麵食極為不同的特色料理，但以資料面來說，大多數的東西早在沖繩戰中散逸，令土肥苦惱不已。然而，土肥偶然間透過友人得知，北京大學方面表示有過去一些關於琉球王國的記載，其中或許有相關的資料。知曉此事的土肥馬上二話不說直衝北京，因此才從陳侃《使琉球錄》中的諭祭文中挖出「粉湯」的情報，他立刻帶回沖繩請知名教授翻成日文，這才通過食糧廳的要求。

終於在一九七八年十月十七日，「生麵類表示相關公正競爭施行規則」的附項「名產、特產、本場的表示」中，追加了「本場 沖繩麵」這一條目。此時距離生麵協會撤除沖繩麵稱呼的要求，已經過了兩年又八個月。也就是說，不過就是為了爭取一碗麵的稱呼，就得耗上超過兩年半的時間。然而其中超過四百年的演變流傳，得知這碗麵曾經來自他處，卻又在這裡生根茁壯，還在戰後復興中佔據一席之地，兩年多的努力倒又顯得渺小了。而在正名過程中遭遇的挫折，也多虧了部分人士的堅定立場與鍥而不舍才終至克服。直至今日，土肥依舊仍在為推廣沖繩麵盡心盡力，十月十七日也被稱為「沖繩麵之日」，作為紀念這段守護「沖繩麵」之名的曲折經過。

本文經修改後發表於SOS reader「拾藏：臺灣文學物語」台文天文台系列，對應展品「使琉球錄」。

沖繩麵

餐桌上的沖繩

不管走到哪，吃永遠是最重要的小事。餐桌上擺著什麼，人們又是怎麼吃的，大概是最簡單感受到人在異鄉的時候了。

因為混雜多元的性質，有一種說法將沖繩文化形容成「チャンプル」。「チャンプル」是一種沖繩料理的種類，中文翻譯上似乎並未統一，我自己曾看過翻成沖繩雜炒、炒什錦，還曾經看過有漫畫翻成「拌菜」。無論如何，它通常就是一道混雜著蔬菜、肉或豆腐等許多配料一起炒的一盤炒雜燴，當菜名上寫著「豆腐チャンプル」、「野菜チャンプル」時，代表的只是該主題那項料的比例會稍稍多上一些。

若是走進一家寫著「食堂」或者「お食事処」之類的地方，幾乎都能點得到チャンプル。例如一家叫做「最強食堂」的連鎖店，第一次看到這家店是在奧武山公園一帶，因為我實在很難不注意到它那誇張又俗氣的招牌。那時球場有比賽，走進店裡時還剛好看到一群明顯是打完球來吃飯的高中生。這是很讓人放心的一件事：代表這家並不是做觀光客生意的餐廳。

第一次來我想挑一個看起來最不容易出錯的，於是選炒牛肉定食。當我看到餐點端上來，我心想「這不就是在台灣的鐵板燒店點牛肉會得到的東西？」別誤會，我沒有任何貶意，相反的我高興極了，離開台灣好幾個月，人正處在一種那麼點像台灣就會被討好的狀態之下。

不過人性就是這樣：當我知道有地方重溫久遠以前的滋味時，反倒就變得不那麼常去點它了。後來我最常在這類食堂吃的料理，反而是「野菜チャンプル」，也就是炒高麗菜雜燴。過去在日本住久後，相當不習慣的蔬菜幾乎都是沙拉形式，就算我再喜歡日式胡麻醬也是會膩。說起來我並不是一個被問到喜歡的食物時，會回答「炒高麗菜」的那種人，但每次點菜前，一想到最近又吃了多少冷菜下肚，就不由自主的再一次點了炒高麗菜。

也許是雜炒的關係，所以雖然是野菜チャンプル，但幾乎都還是會混一些豬肉在裡頭。通常這些豬肉都是用一種類似火腿，中文為午餐肉的醃肉罐頭炒成，在這裡則被叫作「スパム」，名稱來自這罐頭最常見的品牌「SPAM」。這個罐頭在沖繩流傳極為廣泛，許多觀光客趨之若鶩的豬肉蛋飯糰（ポークたまごおにぎり）即是使用這種罐頭豬肉，平常的小吃店內賣的豬肉炒蛋定食也是使用這種肉。而這個美國罐頭之所以出現在沖繩，源自於戰後美軍為配給肉類食物，大量發放了這種罐頭給沖繩人民，而如今也成為沖繩大街小巷的常見食材。

沖繩經常也能看到其他明顯是美國帶來的飲食習慣，例如密度頗高的牛排餐館，以及店裡常駐的A1牛排醬（台灣也一樣常使用A1醬，但在日本反而未必）。美式漢堡也相當有名，如嘉手納町一家3S café的漢堡曾經在日本鳥取舉辦的「Tottori Burger Festa」中獲得大獎。而除了林立的獨立手工漢堡店之外，四處可見A&W也是與日本大不相同。A&W是發源於加州的速食品牌，在沖繩店面密集程度是堪比麥當勞或摩斯漢堡的存在。有一次在臉書上看到有人分享幾十年前的一個電影片段，裡頭保留了當時的一些台北街景時，我才知道原來這家店曾經在台灣短暫出現過。不過現在搜尋A&W的中文資訊，剩下的幾乎都是來沖繩的食記了。

另一個明顯受外來文化影響的食物，就屬塔可飯（タコライス）了。這是一種將墨西哥肉醬、生菜、番茄、起司等配料澆在米上的餐點，也是現在最為人知的沖繩料理之一。塔可飯的起源據說在一九八四年，當時有位叫做儀保松三的人在金武町經營一間酒吧。許多顧客是海兵隊員的他想開發便宜又大份量菜色，便有了將墨西哥塔可餅的配料佐以飯食的想法，結果因此大受歡迎，甚至還順勢開了家專賣塔可飯的餐廳「King Tacos」。比起其他店販售的塔可飯都基本配備生菜和起司等食料，今日若是到King Tacos用餐，會發現菜單上的塔可飯反而是僅僅只有白飯和墨西哥肉燥，而生菜起司那些都是另外再加錢才有，這似乎是保留了最早的塔可飯吃法之故。

有時我會把塔可飯稱作「沖繩肉燥飯」，就像我會把沖繩炊飯稱作「沖繩油飯」。當然炊飯跟油飯還是有些差別的，例如並非使用糯米，因此並沒有油飯那麼黏，但色澤與味道都有相似之處。在一些沖繩麵店，炊飯則會成為沖繩麵的佐餐，而有的店定食可以選擇白飯或炊飯作為主餐。但無論如何，我看到的炊飯絕大多數以小碗裝成，份量明顯遜於台灣便利商店或任何一家小吃店所販售的油飯餐盒。以這個分量來講，似乎不太有點一份炊飯就解決一餐的想法，大概就是習慣上的落差了。

說到吃的習慣，就想到有回我在宜野灣的一家台灣料理店的用餐經驗。這家店《porte》雜誌介紹過，也是我認為「真正的台灣料理店」之一。菜單上有著滷肉飯、蔥油餅、酸辣湯等菜色，不像一些中國人偽裝的台灣料理店，招牌上寫著台灣，賣的卻是天津飯或回鍋肉飯之類的日式中國菜。當然宜野灣這家的口味也是沒話說的，就算稱不上一等一，解故鄉饞癮也是綽綽有餘了。

那次是晚上時間，我剛點完菜沒多久，一名外貌約像是大學生的男子走進來坐下，菜單看都不看，直接跟服務生說要兩籠小籠包。也許我見識淺薄，但如此簡單暴力的小籠包吃法我還真沒見過，素聞日本人愛吃小籠包，但一次近二十顆同種口味的小籠包豈不會膩？後來轉念一想，自己吃水餃時也差不多這副德行，就稍稍可以理解了。

這家店是上原看雜誌才發現的，那時一起去吃，上原也是第一次吃台灣料理。後來他認為該店最好吃的東西就是小籠包，喜歡滷肉飯多一點的我剛聽到也是有點意外。後來與一位經常接待外賓的台灣朋友聊到，凡是人家指名要品嘗特色台灣菜，又擔心對方口味吃不慣時，帶去吃任何皮包餡的料理十之八九會中。有時還真的是得透過如此，才能察覺到一些習以為常的小地方，其實並沒有那麼理所當然。

島唄與宮澤和史

一九九三年，樂團 THE BOOM 的《島唄（標準日文版）》專輯於年中正式發售。這首交織三線琴與吉他，引用刺桐花與甘蔗田，充滿南國風情的歌曲在日本迅速走紅，不但讓 THE BOOM 搖身一變成為日本的知名樂團，同年年底還登上了紅白歌合戰的殿堂。

往後說到沖繩歌曲，〈島唄〉和〈淚光閃閃〉等都是令人能馬上想到的關鍵字。直到今天，許多與沖繩相關的場合上，都還是容易聽到這首歌或以其改編的樂曲。它甚至紅到中文世界，兩次為滾石唱片所相中重新填詞，分別以〈海角天涯〉（周華健演唱）與〈不想睡〉（梁靜茹演唱）出現在華文樂曲之列。

然而，並沒有和歌曲一起大紅大紫的，是這首歌頗為嚴肅的來歷：

〈島唄〉一曲歌詞表面上敘寫別離之情，讓人常誤以為它是一首悲情情歌。可實際上，它卻是該曲創作者，也就是 THE BOOM 樂團主唱宮澤和史在參觀「姬百合和平祈念資料館」，並聽聞一位前姬百合學徒隊隊員現身說法之後，有感而發所寫下的歌曲。

這裡的「姬百合（ひめゆり）」一詞來自沖繩戰爭期間，沖繩第一高等女學校和沖繩女子師範學校的廣報誌「乙姬」、「白百合」所組成，而「姬百合學徒隊」指的是當初被強制徵招，調動為日軍看護部隊的女學生部隊。當時這兩所學校被視為沖繩縣內最優秀的女子高等教育機構，成員皆為來自各地的資優女學生。然而一九四五年三月，在戰爭的陰影逼近沖繩的情況下，兩百多名學生被強制徵召前往戰場。未經充分訓練的她們，立刻就得硬著頭皮照料傷患，而不少成員也在受到戰火波及。最後兩百餘人的師生團大多死於戰亂中，且除了姬百合之外，亦有其他一樣被強徵的學徒隊，也同樣遭到戰火的無情摧殘。

也就是說，宮澤所寫的〈島唄〉其實並非情歌，而是一首對戰爭亡者的慰靈鎮魂之歌。詞中的那些別離，更是對於生離死別的詠嘆。

在甘蔗林中　歌唱的友人啊
在甘蔗田下　與你道別了啊
島唄啊　乘著風　與飛鳥一齊　橫渡蒼海吧
島唄啊　乘著風　將我之心意　傳至遠方吧

根據日後的訪問，宮澤和史在當時透過資料館，以及前學徒隊的老婆婆口述而了解到沖繩戰役的悲慘狀況時，「不由得對於過去一無所知的我感到了憤怒起來」。另外，刻意設計成防空洞形狀的參觀空間，更是使他聯想到當初許多逃難、消逝的無辜生命們。心情的沉痛更是無以復加。

然而走出資料館後，眼前所望去的，卻是微風中靜靜搖曳的甘蔗田，彷彿訴說著今日和平的景象，與展館的一切形成強烈的對比。就在這個瞬間，「應該要寫一首歌獻給那位老婆婆」的想法油然而生。

大海啊　宇宙啊　神明啊　生命啊
願此世永遠如此風平浪靜

也許是因為這個原因，「甘蔗田」成為歌詞中反覆出現的畫面。另外，歌詞中還提到了「刺桐花」。刺桐是沖繩縣花，除了帶有沖繩本身的象徵之外，還相傳刺桐花在盛開異常的年度，也是代表著不祥、將出大凶事的說法。因此歌詞中的「狂嵐暴雨」被認為是影射被稱作「鐵之暴風」的美軍襲擊一事。而曾一起歌唱與訣別的甘蔗田，則是暗喻當時在甘蔗田之下，軍民躲藏的防空洞。

刺桐之花開綻　呼喚著風　狂嵐暴雨來襲
刺桐之花盛放　呼喚著風　狂嵐暴雨來襲
重複不斷的哀傷　迴盪在島嶼之中　如同波浪一般

歌詞以外，作曲上也加入巧思。宮澤參考了沖繩音樂，在本歌曲大部分的地方刻意不讓re和la這兩個沖繩傳統音階沒有的音調入曲。唯有在副歌之前的甘蔗田訣別那一段又恢復了原有的音階，其原因乃是所犧牲的人們是因為日本而亡，才重新用回日本本來的音階。

有趣的是，雖然以沖繩題材寫出了數一數二的名曲，歌曲本身也帶有強烈的沖繩意象，但宮澤和史本人其實不是沖繩人，而是出身於山梨縣，樂團THE BOOM成員也分別來自山梨和千葉。

當時的宮澤是被沖繩音樂所吸引，特地來到沖繩取經。〈島唄〉一曲其實早在一九九二年十二月即發表，不過那時是有琉球語入詞的版本，CD也只有在沖繩當地販售。現今說到〈島唄〉，通常指的都是後來發行的標準日文版。另外，此歌曲的大紅也引發了日本歌迷和音樂人對三線的好奇，還造成搶購風潮。甚至有人曾向宮澤本人打趣的說，多虧了你最近讓三線買氣大幅提升，但一方面製作原料也開始短缺，本地材料已經不足以供應，只好開始向國外進口了。

而宮澤本人的沖繩之旅仍尚未完結，他被沖繩「即使沒有血緣，但只要認可沖繩、喜歡沖繩的人事物、彈奏著三線琴或練就一身空手道功夫等等，就一樣是琉球人（ウチナンチュ）的一分子」這種寬大的接納態度所吸引，在〈島唄〉爆紅後仍不斷於沖繩活動及創作相關歌曲。例如他參與製作二〇一一年的「世界琉球人大會」的應援曲〈シンカヌチャー〉就是一個例子。

「シンカヌチャー」在琉球語中是「朋友們、一家人」的意思，這首歌是由宮澤和史、Alberto 城間和平田大一三人、以及沖繩民謠歌手我如古より子提供歌詞意見，一群人合力製作的歌曲。城間是沖繩裔的祕魯人，平田是來自沖繩縣外島竹富島，加上出身於山梨的宮澤和史，每個人分別有不同的血緣立場，但在對沖繩的深刻感情之下，一同完成這首不同於〈島唄〉的哀傷氣氛，鼓舞人心的明亮歌曲。這首歌曲之後也在「世界琉球人大會」這個聚集世界各地的沖繩裔人士，並對外宣揚沖繩文化與藝能的大舞台上公開了。

少年們 少年們 勇敢破浪前行吧
我們的島琉球（ウチナー） 我們都是一家人〈シンカヌチャー〉
少女們 少女們 勇敢乘風前行吧
我們的島琉球 我們都是一家人

無論你我都是島嶼之子
你若是起舞 那裡便是琉球
在島嶼的前方 在汪洋的前方
你若是歌唱 那裡便是琉球

二〇一三年，THE BOOM 發表了《世界上最美的島嶼》專輯，收錄了新歌〈世界上最美的島嶼〉以及〈島唄〉、〈一家人〉等過去創作的沖繩歌謠。隔年二〇一四年，THE BOOM 因為團員的健康因素宣布年內解散。宮澤本人則是一度宣布封嗓，不過後來又重返歌壇。除了歌手之外，他也在沖繩縣立藝術大學兼任講師，另外於沖繩市經營「みやんち STUDIO & COFFEE」，以及在東洋企畫雜誌《momoto》發表名為〈世界上最美的島嶼〉的連載隨筆、也有在其他平面媒體發表文章等等。

實際上在二〇一二年，《momoto vol.10 此時正是探討復歸之際》專刊裡，宮澤早就接受過該雜誌的訪問了。他說：

「沖繩是一個被許多國家玩弄於掌心之間，過往也時常遭到利用的地方。但反過來說，沖繩更是在這樣的環境下奮勇求生，不斷成長……這是很了不起的一股力量。中國的時代、美國的時代、日本的時代，也可說是被操弄，也可說是自身努力的在夾縫中走出一條路。」

「要是沒和沖繩相遇，也不會有現在的宮澤和史。這件事我自己是最了解的。」

不需要明說，字裡行間自然看得出他對於沖繩的無比熱忱及關懷。這位感情充沛音樂家，今後也將繼續是沖繩的「一家人」吧。

琉球時間

對比守時的日本，沖繩人的對時間觀較為隨興。我在琉球大學時，經常得搭乘在琉大發車的九十八路公車到那霸市區，然而在我的經驗中，遲發的次數遠遠超過準時出發的次數。或幾次和沖繩朋友相約，對方遲到個五到十幾分鐘也是常有的事。

在琉大教日文作文的ケリ老師是東京來的，她說剛來沖繩時，曾經有一個在中午的會議要開，她早了十幾分鐘到場，卻看到會議現場幾乎沒人。等到接近會議時間要開始時，人數離到齊還是差很多，然後主辦方也彷彿習慣似的乾脆宣布時間順延。直到約過半小時之後，成員才陸陸續續到場，會議總算才開始。

ケリ老師說後來才知道，沖繩地區因為交通不方便，不像東京或大阪有準時出發的電車，一般馬路也常常堵塞，所以對遲到這件事比較寬容一些。我是認為這說法並不完全說得通，畢竟既然知道可能有路況的干擾，那應該是自己該提早做好準備才對。

說是這麼說，這樣隨興的時間觀倒也是見怪不怪了，頂多就是覺得，啊這跟台灣差不多啊這樣。

國際大街

一開始去那霸時，還會在國際大街上找餐廳吃，後來就比較少這麼做了。主要還是價格考量，當六百日圓就能吃到有肉的主菜、飯、小碗的麵與湯的定食時，自然不會去八百到一千日圓的餐廳吃。

有一次為了下一期的雜誌照片，幾個《porte》雜誌成員就一起外出取財。中午我們到恩納休息站吃飯，舟橋就跟我推薦位於該處的炸雙胞胎（サーターアンダギー）店，說我一定要吃吃看。炸雙胞胎其是在沖繩極為常見的點心之一，但舟橋說這家叫「琉球銘菓三矢本舗」的店又特別不同，如果要吃炸雙胞胎他會推薦吃這家。

「要推薦給沒吃過的人來講，還是盡量選好吃的推薦才好吧？不然要是吃到不好吃的店，就誤以為那個東西都不好吃。像是很多內地人在國際大街上隨意找的店家吃沖繩麵，結果回去都在說沖繩麵不好吃呢。」

我後來確實不會在那邊吃沖繩料理，如果想吃沖繩麵，多半會走遠一點去一家名為「OKINAWA SOBA EIBUN」的店吃。那已經是要轉到國際大街旁的小巷裡，再步行十分鐘左右才能到的地方，會知道這家店也是因為《porte》上有介紹過。
至於舟橋大力推薦的炸雙胞胎，確實也比我之前「隨意找的」吃過的好。

認真過頭的福谷老師

在東洋企劃印刷這段期間，有一位福谷先生會每天抽空三十分到一小時時間，為我講解一些印刷的基本技術，有時也會實機操作給我看。因此，我也以「老師」尊稱福谷先生。

「福谷老師」不是本地人，故鄉是山口縣。與他相處的過程中，很快就會感受到他是一位用功認真的人，只是偶爾也有些過頭到令人費解的舉動。他曾經跟我要過小說去看，雖然看不懂中文，但是很驚訝中文在句號之後不一定要分段。

在台灣員工旅遊時，一行人到了行天宮參觀。就在大家好奇台式廟宇，興奮地在廟中跑進跑出時，我發現福谷盯著遠方建築牆面的一個看板好久，於是就問他在看什麼。

「我看到那上面寫『後悔』兩個字，那是什麼意思？」福谷這麼說。

我看了一下，那是個不動產的廣告看板，說的是「今天不買明天就後悔」。然後解釋給福谷聽。

「原來如此，是廣告啊，我在想有什麼好『後悔』的呢。」

後來一次與人聊到此事，才聽說有次假期，福谷到離島渡假一個禮拜，結果那一整個禮拜他都在海邊躺椅上看書，看了一個禮拜後回來上班。

「他人很好，非常細心的人，雖然有點宅。」其他人這麼說他。

不過這麼想來，也難怪會請他當實習生的講解人員了。

ダイナミック琉球

有些歌是你只聽過一遍，甚至只是其中一小節，就會一直駐留在腦海裡。〈ダイナミック琉球〉（躍動琉球）就是這樣的一首歌。

「大海啊，祈願之海啊，波濤啊，聲音響徹之藍天啊……」

第一次聽到這首歌反而不是在沖繩，而是趁著暑假空檔到神戶看棒球時。歐力士隊游擊手大城滉二的出場曲就是這首歌，當時一聽到開頭「咿呀撒撒」的呼喊，就馬上知道大城是出身自沖繩的選手，也一下子就記下了旋律。後來回到沖繩，又偶然在看到街頭的太鼓表演時聽到這歌。

後來才知道，原來這首〈ダイナミック琉球〉早已廣泛用在各種場合，不只是太

鼓或舞蹈，許多體育賽事也常常拿這首作為加油曲，還有人稱其為「在沖繩縣內是更勝過『島唄』的名曲」。

更令人驚訝的，是這首歌並非那麼起眼的經歷。二〇〇八年時，琉球大學的土木工學系為紀念創立五十周年，演出了名為《琉球文藝復興》琉球組踊（一種琉球的傳統歌舞劇），而這齣戲的主題曲由沖繩文化振興理事的平田大一作詞，以及當時來到沖繩活動的イクマあきら作曲。所完成的作品，正是〈ダイナミック琉球〉。

如今不只在沖繩，網路上甚至還有仙台育英、大阪桐蔭等外縣市高校應援團演奏此曲的影片。而也許蔚為話題的關係，這首早在十年多前就出的歌曲，在二〇一八年突然宣布拍攝正版ＭＶ並公開。

確實，激昂的旋律、高亢的歌聲，與運動賽事相搭是再適合不過了。不過在眾多影片之中，我個人最喜歡的還是屬於太鼓團體「昇龍祭太鼓」所演出的版本，鼓聲、歌聲、舞步、吶喊聲等融為一體，不管看幾次都令人感到熱血沸騰。

大城社長的禮儀講座

下班常找人吃飯是大城社長的習慣，似乎有某種規律般的，他總是會挑選兩、三名社員陪同，當然，錢是社長出的。通常也只有這個時候，不喝酒的我才會到居酒屋裡頭用餐。

第一次去吃飯時，大城社長就主動假裝喝醉，故意開些裝傻的玩笑，所以很快我也適應了這個狀態。不是因為社長裝傻而放鬆，而是知道他這麼做的用意就是希望我別那麼拘謹，於是才比較放心。

當然，陪上司吃飯，基本還是有些禮儀細節在。例如要吃東西可以，但上司講話最好停筷子、乾杯的時候，杯口要自動往下移，不能高過或平行於上司的杯子。放下筷子時，最好別擺在桌上，而是要用紙張或甚麼東西做成臨時的筷架擺著等等。

這一部分是大城社長自己提醒的。

「但是你沒做到沒關係，你是外國人，慢慢習慣就好了。」他還說日本本島的話就會比較嚴厲：「特別是東京的，還有京都的，都非常龜毛。」

「東京人，很囉唆。京都人，很囉唆。沖繩人，很隨和。台灣人，也是很隨和。所以沖繩，台灣，friendly。」

大城社長這句話是放慢語調，一個字一個字講，還比了個大姆指，露出爽快的笑容。我能順利度過這一年，最大的原因絕對是碰到許多像這樣，friendly 的沖繩人了。

沖繩縣產書

國際大街給當地人一種「就是觀光客在逛」的感受，有沖繩朋友也說過國際大街上他唯一會去的店，就只有唐吉軻德而已。

我後來也甚少在那買東西，不過幾次到那霸時還是會往那跑，為的是位於RYUBO百貨公司內的寶可夢專櫃和LIBRO書店，以及美榮橋站附近的淳久堂書店與巷弄間的古書店烏拉拉等。

逛沖繩書店最有趣的一點，在於「沖繩縣產書」總是在書店內自成一格。不管是書櫃足足擺放了四層樓的淳久堂，還是比單人房還小的烏拉拉都一樣，像是《沖繩的歷史Q&A》、《琉球妖怪大圖鑑》、《沖繩肉讀本》、《安室奈美惠 超歌姬傳說》等等。這些「沖繩縣產書」未必真的是沖繩當地出版的書籍，只要內容與沖繩相關幾乎都會算在內，因此是認識沖繩各種文化的好方法。

有些書其實明顯感受到不能說多精緻或專業嚴謹，而是在作者出於強烈的興趣之下完成的書，例如《傳遍世界沖繩SOBA》這本，書中就用他自己去中國用餐的經驗，挑明講他認為《使琉球錄》中的「粉湯」應該是和「沖繩麵」完全不同的東西。然而書中呈現作者親身走訪各地，實際去了解各國沖繩麵的製作方式和歷史後，很快就能感受到即使作者只是一介沖繩麵愛好者，不是什麼嚴謹的專家。但認真考據來的情報，還是非常有價值。

我有買書總是比讀書快的壞習慣，然而這些書籍的購入倒從沒停過。只要偶爾翻閱時，又多學到一點沖繩的什麼，就算是收穫了。

誤傳的牡丹社琉球漁民

有次在閱讀又吉盛清《日本殖民下的台灣與沖繩》一書中，發現書中提到日治時期鐵路技師照屋宏於台灣任職期間，曾經收到來自「琉球漂流民殺害事件」倖存者的請託，希望照屋能幫忙調查此事件的真相。而在照屋多方奔走後，確定了當初事件的死者名單，以及這些人其實是宮古島納貢船成員一事。當時船隻是在那霸完成任務之後，返航途中遭遇暴風才漂流到台灣，推翻了過去遇難者為「琉球漁民」的說法。

由於印象過去中學讀到牡丹社事件時，教科書內容寫的也是「漁民」，因此在社群網站上向其他人詢問。結果不少人也表示，他們當初學的也是寫「漁民」，只有一部分人是沒寫身分，或者寫宮古島船。也有人翻拍最近幾年的課本，上頭寫的依然是「漁民」。

《日本殖民下的台灣與沖繩》是早在一九九七年就有中文版問世，另外市面上也有其他牡丹社事件相關的研究著作，內容早將漁民說做修正了。總說這時代傳遞訊息快速，但偶爾也是有這種漏網之魚啊。

離島中的離島，來自八重山群島的甲子園代表隊

「沖繩代表隊」在高校甲子園賽場一路的拚戰歷史甚為艱辛，然而若要說有什麼比沖繩隊伍在甲子園拿下勝利更困難的，自然就是「離島縣沖繩」中的「沖繩離島隊伍」在甲子園贏球了。

位於石垣島的八重山商工，原本是連在沖繩地方大會上都常常一兩場就打包回家的弱校。這時，一位名為伊志嶺吉盛的教練於八重山商工就任。伊志嶺在過去早已在當地的少棒、青少棒執教過，現在轉任至球員人數不多的高校棒球隊。一開始隊員們對於他嚴格的練習方式很吃不消，但後來大嶺祐太、金城長靖等這些他過去曾指導過的球員加入球隊，融入了伊志嶺的帶兵風格下，整個隊伍也逐漸展現出與過去不同的樣貌。

在這兩位球員為主軸的八重山商工，先是拿下九州大會的亞軍，取得春季甲子園

的門票，創下八重山地區首次叩關甲子園的歷史。後來在夏季賽事中，又拿下沖繩地區冠軍，達成春夏兩季都殺進甲子園的成就。

到了甲子園，首戰對手是千葉經大附中。比賽在進入九局時，八商工還以兩分落後，但他們在九局追平比數，將賽事打進延長賽中，接著又在十局連拿三分，以九比六逆轉拿到了八重山地區史上首次夏甲勝利。

這場延長賽除了創紀錄以外，還意外地引起一個插曲：由於當天是八重山地區的盂蘭盆節，慣例晚上有相關習俗要進行。可是一殺進延長賽，就代表比賽時間將與活動時間相衝突，勢必得二取其一。然而在眾石垣島居民都緊盯賽事的此時，委員會乾脆宣布「比賽打完再開始！」讓活動因此順延一小時。比賽結束後，大家也帶著贏球的喜悅，向祖先們稟告這個創下八重山群島歷史新章的捷報。

沖繩移民與「渡海而來的豬」

在我所參加的奬學金計畫中，除了來自台灣與福建的學生以外，其他如美國、加拿大、巴西或阿根廷來的成員，名字都帶著沖繩姓氏「比嘉」、「金城」等等。原來他們都是沖繩移民的後代，在這個奬學金成員徵選中，他們也以這個身分參加。至於台灣和福建，則是因為一直以來和沖繩的情誼，所以一般人也可參與報名。

沖繩過去確實發生過移民潮。在一九一〇年代間，隨著世界大戰的爆發，各地把資源投入在戰爭的情況下，砂糖價格暴漲，使得沖繩農業也因此蓬勃發展。然而好景不常，戰後各國逐漸恢復生產動力，砂糖價格開始往下掉回去，這讓許多砸重本拓展糖業的沖繩人血本無歸，重挫了沖繩經濟發展，甚至還有貧農因此只能吃有毒的蘇鐵充飢，而被稱為「蘇鐵地獄」。

碰上這個經濟災難，許多沖繩人便只得離開沖繩，到新天地尋找工作機會。移民目標除了當時的日本、台灣、滿州國和南洋群島之外，還有海外的美國本土、夏威夷、巴西等地。這些移民在外地工作，賺來的錢紛紛寄回沖繩貼補家用，在一九二九年，海外移民送回沖繩的金額，就高達一百九十八萬日幣，相當於該年沖繩縣總收入的百分之六十六之多。

而戰後的沖繩，更是受到這些移民的巨大援助。世界各地的沖繩人為了幫助家鄉，紛紛募集捐款和物資寄往沖繩，內容物包括食物、生活用品、文具器材、棒球用具等等。其中最有名的事件之一，就是「渡海而來的豬」了：

在戰前的夏威夷，約有兩萬名來自沖繩的人士，是移民的重鎮之一。這些移民有的加入美軍，在沖繩戰中勸降民眾，為保住沖繩人寶貴性命貢獻良多。戰後他們知道沖繩物資缺乏，便籌措資金募到了五萬美元，並拿這些錢從內布拉斯加州購入了五百五十頭豬隻，由七位沖繩籍人士經由奧勒岡州，搭船渡海護送到沖繩。在這趟橫越太平洋的漫長之旅中，雖然有少量豬隻因意外喪生，但總算是將大部分的豬送到了沖繩，並緊急派送至各地，解了食物不足的燃眉之急。

這件事後來被改編成音樂劇，沖繩知名樂團「BEGIN」也創作歌曲〈ウルマメロディー〉（珊瑚旋律）紀念此事。直到今日，夏威夷與沖繩之間仍保持著相當友好的關係，連二〇一四年上任的夏威夷州長 David Yutaka Ige，都是沖繩裔出身。如今的沖繩也以這種「沖繩人在世界，世界與沖繩連結」，與各國相互友好的精神自豪著。

陶瓷老街壺屋

在國際大街附近的「壺屋」這個地方，有一條充滿各式陶工藝品的巷弄「壺屋やちむん通り」。我第一次知道這個地方，是隨著琉大沖繩文化課的校外教學前來的。該處還有一個「壺屋燒物博物館」，介紹著沖繩陶藝的發展經緯。

我對工藝品稱不上有品味，但有一則記載令我特別感到興趣。當時豐臣秀吉進攻朝鮮時，參戰的島津軍曾從全羅北道南原將大量陶工匠俘虜並帶回日本。後來島津攻佔琉球之後，又派遣了三位陶匠到琉球，這也讓陶藝技法傳入琉球。

三人之中，其中兩人後來回到薩摩，只剩一名叫張獻功的陶匠繼續留在琉球，而且還取了「仲地麗伸」的名字，顯然是決心長居琉球，而他也對琉球陶藝的發展有了一番貢獻，許多談論到琉球陶藝發展的書，總會提起張獻功的名字。

因時代的動盪，身不由己來到琉球，但又藉著一己之力留下足以被記上一筆的功績，這也是一種難料吧。

波上宮的貓虎對決

先前曾提過一些關於琉球王國的傳說，並且說到之中有些故事的套路似乎在中華圈內也有。在此再提供一則與琉球王國無關，但一樣有著類似情節的琉球傳說：

傳說在很久以前，老虎是非常膽小的生物，經常被其他動物嘲笑。膽小的老虎為了雪恥，就向一位貓師傅學習空手道，經過日經月累的訓練，老虎變得更加強大，同時也驕傲起來，連對貓師傅都漸漸不放在眼裡。

有一回，老虎要求與貓師傅對決，貓師傅答應了。兩者在波上宮決鬥。回合一開打，貓師傅就機靈的跳到松樹上，老虎想攻擊貓，卻怎樣也爬不上樹。原來貓師傅早預料到了老虎會有這一天，因此刻意不教他爬樹的技巧。憤怒的老虎只好放棄，但臨走前烙話：「你也不可能永遠待在樹上，總有一天你會下來。貓的糞便很臭，到時我只要循著氣味，一定會找到你討回顏面的！」

因為這件事情，時至今日老虎還是不會爬樹，而貓咪為了躲避老虎的追擊，留下了把自己糞便埋進土裡的習慣。

老虎與貓拜師，學貓的技巧，就是沒學到爬樹而被擺了一道，這個情節在中國的民間傳說裡頭也有過。不過，空手道和波上宮，應該就是屬於琉球方的杜撰了吧。

參觀春訓

二月是日本職棒春訓的日子，不少球隊開拔到沖繩訓練，而隨著球隊也帶動球迷湧入沖繩，許多地方都能帶著球隊服裝或周邊走動的人們。

除了跟隨《momoto》雜誌一同採訪之外，我自己當然也抽空以普通球迷身分跑到各春訓基地瞧瞧。不得不說日本球隊在此用心之深令人佩服，我曾去看過台灣職棒的開訓練習，然而那就真的只是球員練球而已。但是在此，每個春訓球場處，都好好的規劃了飲食攤位、春訓手冊、商品販售、場中布置等等，像我這種一般球迷幾乎只要記得到球場就好。而吉祥物表演、球員簽名會、球星講談時間等等活動更是琳瑯滿目，即使不是「看球員練球也很滿足」的專業球迷，也能從春訓活動中享受到樂趣。

有次到宜野座看阪神虎隊春訓。要去宜野座的交通可稱不上方便，那霸能搭去的公車不多，還要開到兩個小時以上。當天阪神與橫濱隊將有一場練習賽，雖然是不收票免費開放，但可想而知，這種練習賽肯定多是派出二線選手上場測試，很難看得到一線明星球員。

然而出乎我意料的，阪神虎隊球迷塞滿了整個宜野座球場，猶如正規賽一樣整場加油吹奏吶喊，就連場外的美食攤位也擠得水洩不通。有些熱門的食物，如以阪神總教練金本知憲形象主打的「兄貴丼」老早就被搶購一空，就連普通的炒麵、丼飯攤位，人群也是大排長龍。

中場按照慣例，球迷齊唱阪神加油曲〈六甲嵐〉並施放氣球，不過有的人時間點沒有算好，氣球太早或太晚才放。這時我前面有一對年輕男女看到這情形，說：「該不會是沖繩人太少看到氣球吧？」、「可能喔，太興奮了『哇！是轉播放的那個耶』然後一下子就飛出去了。」

雖然我不知道其他人氣球亂飛的原因是什麼，不過我想在場的球迷，應該沖繩人不會佔多數。滿場畢竟還是太扯了，後來分別去看了中日、橫濱、養樂多與巨人等隊的熱身賽後，更加確定了這點。

五臟俱全的在地小店

「山羊肉料理」似乎也是沖繩在地的特色食物之一。有一回大城社長就帶我去一家在地的羊肉店吃，該店面店內外的樣子看起來都像是已經開了許久，但絕非觀光客造訪之處。店裡頭非常狹窄，已經晚上八、九點的時間，還是整間店鬧哄哄的。菜單非常簡單：就是炒羊肉、生羊肉片、羊肉湯，總之就是各種吃法的羊肉。

「不好意思啊，今天人很多，麻煩鞋子請顧好，在走廊上會絆到人的。」老闆娘一直提醒我們，店內真的擠到很多走道只能容納得下一人通行。

「真不好意思啊那麼擠，啊這一盤是最近開發出來的新菜色，就當我請客，你們嚐嚐看。」

在老闆娘的熱情下，於是比起原本叫的東西，我們桌上又多了一盤川燙的羊肉。

「啊這個是最近摘的番茄，你瞧，這麼大顆，樣子多特別。」

還有幾顆大過頭的番茄。

「還有啤酒喔，您不喝酒嗎？也有烏龍茶。」

罐裝啤酒和烏龍茶。我們早先已經在附近的居酒屋吃過了，本來這裡只是續攤，因此只點了幾道小菜，現在東西都快塞的滿滿一桌了。

就在老闆娘再度出現時，大城社長突然把我捉住。

「欸老闆娘不好意思啊，這個人是來自台灣的留學生，現在在我們公司研修。」

「台灣來的？真的啊！」

「是啊，不過研修生有規定啊，要是太晚回去可不行，所以我們差不多該離開了，您也別再上東西囉。」

原來是拿我當擋箭牌。不過我也覺得不這樣講，老闆娘還不知道要送多少東西，白吃這麼多怎麼好意思。

離開前我去了下廁所，又看到驚人的東西：在只有一個蹲式馬桶的小廁所內，滿滿貼著沖繩尚學高於一九九九年與二〇〇八年奪下春季甲子園冠軍的新聞報紙，旁邊還有小紙條寫「一九九九年四月四號　每日新聞號外」、「沖繩尚學　九年前的比嘉教練」，看得我差點忘了自己是來上廁所的。

就是時常有這種驚奇，才讓我在這一年期間，開始喜歡上這個地方了啊。

貼滿沖繩尚學奪冠報導的廁所

和平祈念、姬百合、對馬丸

談起近代沖繩，沖繩戰爭是免不了會觸碰到的一大事件。這場發生在一九四五年的大戰至今餘波盪漾，除了美軍基地、戰時責任追究等直接問題之外，其他各領域看似與戰爭無關的事，也不時會看到沖繩戰爭的影子。

沖繩和平祈念公園的資料館，就是希望後世能記取沖繩戰的種種而成立的。如果是對沖繩戰幾無概念的台灣人或外國人，參觀資料館確實是一個認識沖繩戰的好管道。雖然展示多以日文為主，不過展場方面有提供中文在內的多國語音導覽機，在語言方面不是障礙。

裡頭從戰前的亞洲情勢講起，隨著日本帝國的擴張與美日交戰，戰火的陰影逐漸逼近沖繩本島。一九四四年發生了十・十大空襲事件，當時美軍派遣大量戰機對沖繩進行轟炸，雖然主要以摧毀機場和大型船隻為目標，但不長眼的炸彈還是波及了許多沖繩一般民眾。

到了一九四五年三月二十六號，美軍登陸慶良間群島，正式開啟沖繩陸地戰役。在為期三個月的規模戰結束後，最後結果以日軍全面潰敗，於沖繩指揮的司令官牛島滿自盡，美軍成功攻佔沖繩作收。

這場戰役中，約九成的沖繩建築遭到破壞，而不僅軍人，大量沖繩民眾也傷亡或失蹤。美方有超過十四萬平民傷亡的記載，而除了數字的慘烈之外，日軍刻意醜化美軍，稱美軍為生性殘酷，即使投降成為戰俘也會遭到非人道虐待，還不如一死的宣傳，造成許多民眾真的因此選擇自殺一途，直到一些人被美軍俘虜至集中營後，才發現情況根本和日軍說的不一樣。也有日軍以懷疑從事間諜活動為理由，殺死語言不通（琉球語）的沖繩民眾，或者命令沖繩人民進行自殺式任務等等行為。

這些爭議至今仍然在沖繩戰的相關討論中不斷被提起，例如我後來看到一則報導：一位出身於渡嘉敷島（慶良間群島的島嶼之一），名為宮城的女士，在當時進入了夢寐以求的首里高等女校就讀。然而在戰爭時期，她被強制徵召成為「瑞泉學徒

沖繩和平祈念公園資料館

隊」的一員，奉命進行軍方的看護工作。等到戰爭結束後回到渡嘉敷島，才得知在戰爭期間，父母早已因為「集團自決」就此天人永隔了。

在資料館的前段的大情勢介紹結束後，展館尾段就收錄了許多像這樣的戰爭證言。那些言論被印下來護貝做成冊子，以地區為區分，擺滿了整個展間。有的人說他被炸彈碎片波及，臉上的疤就再也沒消掉過；有的人說他當時只知道死命地跑，即使不斷聽到後方的槍彈聲和倒下聲，也只能埋著頭加快腳步；有的人說他們一群人寧願死守在洞窟內，直到後來撐不下去了投降，才發現日軍的謊言。

在一連串備感壓力的展間之後，再來呈現的戰後美軍統治時代的生活布景（當然這邊也還是提及了美軍統治期間的諸多爭議），還有出口處的大海景色，多少是舒緩了一些。當然這還沒結束，在和平祈念公園內，還有一排排的石碑，刻著超過二十萬人的往生者名字，名單涵蓋沖繩本島人、日本人、以及美國與台灣等其他國籍人士。能調查出這麼多當初的資料，可見得沖繩對於沖繩戰記憶之重視。除了和平祈念資料館以外，姬百合紀念館內亦可看到這樣的精神。

相比和平祈念館以較為宏觀的敘述觀點介紹了沖繩戰，姬百合紀念館則是著眼在貼近一群經歷戰爭中的人們：姬百合學徒隊的故事。

姬百合學徒隊的成員來自當時的沖繩縣女子師範學校和沖繩縣立第一女高，是實質上有許多疊合之處的學校。這兩所在當時都是沖繩當地的前段志願，能夠擠進這兩所學校的，幾乎都是來自各地的資優女學生。

在姬百合紀念館展場的前段，介紹的是這兩所學校的基本環境與生活，讓參觀者先感受一下那個年代的校園氣氛。會場中陳列著當時的課本、校園照片、她們在鑑賞會中看的電影海報等等，可以看到那些女學生們除了唸書之外，也參與各式各樣的多元活動。而理所當然的，配合當時的日本政策，學校裡頭自然也宣傳著支持帝國大東亞共榮圈，打倒英美列強等等的思想。

接著展場風格一變，事情轉入一九四五年的三月，這些女學生們被徵召成為學徒隊，投入支援沖繩戰場。這兩百多名師生雖然是當時的菁英知識分子，可是她們在未必學過相關的知識技術之下，就被強制送到各處軍營內進行看護工作。這些女學生的生活，一下子從各類新

沖繩戰戰死者紀念碑的台灣名單

奇的知識探求，變成得面對無數身負重傷、身上爬滿爛瘡蛆蟲，不斷喊叫「好疼啊！」、「給我水！」的士兵們。在與傷患為伍的日子中，也陸續出現了因戰鬥波及而喪命的成員。

然而還沒完。戰況持續惡化之下，六月十八日日本軍方發布學徒隊的解散命令，但卻沒有對解散後的去向做好妥善指示。早已被灌輸要「為國戰到最後一兵一卒」思想的她們，夾在日本軍隊已徹底敗亡之事實，以及離開戰壕（防空洞）後就得面對遍布全島的「鬼畜米英」軍隊之間。沒有戰鬥力的學徒隊成員們不知道該繼續守在原地，還是該出外投降，還是逃亡到其他地方。在一團混亂之下分頭行動的學徒隊成員，在解散命令發布後反而出現了更多的傷亡，總計兩百多

姬百合紀念館

名學徒隊成員，最後只有寥寥幾人活下來。

與和平祈念資料館類似，在展場的尾端這裡，也擺滿了相關的證言資料。許多說法更是怵目驚心。有倖存者表示當時在她們小隊在海邊遭到攻擊，因此和其他逃亡者分開了，至於那些來來不及逃亡的同伴們自然是……獨自一人的她途中感到極度口渴，好不容易找到有水，一喝卻全是混雜著血水和屍體腐臭的味道，可是渴啊，只能硬著頭皮繼續喝。

令人備感壓力的除了平面的證言描述，這空間四周牆面上還掛著學徒隊員的肖像照片，底下附上這位學生的出身、就讀學科、個性或興趣等描述，而在資料的最後，則是該名成員最後的死因，詳細到讓人難以閱讀下去，類似像這樣：

「○○○○，出身於○○村，就讀數學科，曾代表學校參加數理競賽獲獎，以頭腦清晰理性著稱。在○月○日於防空洞外搬運工作遭遇轟炸，搶救後仍傷重不治。」

「○○○○，出身於○○市，個性開朗活潑，曾經在校內運動會上拿到游泳項目第三名。在學徒隊解散後跟隨×××往南部逃亡時，於○月○日因美軍機槍掃射中彈身亡。」

（註：以上引號內容為模擬，非實際內容。）

必須承認，我在時間尚稱充裕的情況下，最後沒能看完展間就離開了。之後我在附近的海灘發呆了很長一段時間，直到夕陽西下提醒我該回去了。我後來常想，也許這就是當初宮澤和史會寫下〈島唄〉一曲的心情。

與戰爭有關的展覽館，還有「對馬丸紀念館」。和都被設立在沖繩南部的姬百合與和平祈念館相比，對馬丸紀念館就在頗為知名的波上宮旁邊，離繁華的那霸市區不過幾里之遙。

「對馬丸號事件」其實不是在沖繩戰爭期間，而是在戰役開打的前一年發生。當時已經知道美軍步步逼近的消息，沖繩當局也開始大量疏散居民至附近的台灣、日本等地。對馬丸號便是疏散任務中的船隻之一，它在一九四四年八月二十一日自那霸的港口啟航，船上載有平民及學童共一千六至七百人左右，目標為九州長崎。可是當初美軍為了切斷日本的補給線，早在附近的海域配置潛艇，準備攻擊海上往來的船隻。二十二日晚間，美軍向對馬丸號發射魚雷，擊沉對馬丸號。造成船上成員中約一千四百多人因此喪生。

少量的倖存者漂流到附近島嶼，有日本軍官曾紀錄當時軍機在偶然下發現水中有人，緊急通知附近的漁船支援的紀錄。但也有倖存者證言表示，他們在漂流期間看到了日本軍機，可是沒有等到軍方救援，是在好幾個小時之後，才有鹿兒島的漁船才來救他們。也有人說當時她爬不上救生艇，萬念俱灰的瞬間，後方有個聲音喊著「別放棄啊」並一股力量把她推到船上，然而當她回首時，海面上什麼也沒看到。

不過倖存者之後的日子也不好過，由於擔心造成恐慌，政府對對馬丸號沉沒之事下達了封口令，再三警告這些倖存者不能洩漏消息。倖存者只好寫信偷偷夾帶，才把消息傳回給故鄉的家人。這件事在傳開後也一定的影響了沖繩居民的疏散意願，直到十・十空襲發生，才又讓沖繩人不得不緊急行動。

紀念館內除了介紹事發背景與經過之外，另有一個投影大螢幕，不斷播送以童聲錄製的對馬丸號過程影片。在這規模較小的展間，無論在何處都會聽到那個敘述聲，還有每到影片一個段落，就會響起的爆炸音效。

有時除了這些歷史事件本身以外，我也偶會想到：台灣史上也曾有二二八、白色恐怖等讓許多寶貴生命平白失去的事件，然而這些不光彩的過去自然缺乏官方記載，可要著手民間調查時，又或許是相關背景的影響下，這些記憶細節經常在尚未查清以前，就因當事人亡故或其他原因再也無從得知了。別的不說，光是死於沖繩戰役中的台灣人名單還欠著，這都是很可惜的一件事。

前沖繩知事大田昌秀曾經歷過沖繩戰，在他出版的《寫真紀錄沖繩戰》一書中，提到當時從軍的他在墜海之下撿回一條命，當下就決意如果能活到戰爭結束，一定要把這個和「聖戰」完全兩碼子的慘況傳遞出去。在參觀這些紀念館，一邊讓人瞭解到的是事件本身，而另一邊又瞭解到的，是正因為如此悲慘過，讓他們更加堅定立場，要把歷史不斷敘說下去的決心吧。

後記

在沖繩這一年的後半段，也就是在東洋企劃印刷實習的時候，有一天突然冒出了「要不把沖繩這些事情寫一寫」的想法。

我原先並沒有這個打算，過去我寫的東西幾乎都是小說，還有在自己部落格寫的棒球心得而已。我自知一不用功，二不感性，寫文章論理論抒情都差人一截，自然不會想到要去寫什麼生活點滴。

再者，一年說不短，可也沒多長。兩次短期留學，與各國留學生相處的經驗，我深知全面瞭解一個國家是多麼不易的事。一開始看到外國人做什麼時，確實容易會有「啊原來那一國的人是這樣」的錯覺，但很快回頭反思就知道，既然我自己所作所為不代表整個台灣人，那對方當然也不代表該國全部。不管怎麼劃分範圍，人都是形形色色的，在地人都不見得能代表在地一切了，那相比之下，一年真的也不算什麼。

後來雖然腦中起了念，不過也是三心二意。日子過去，倒確定了這想法一直纏繞不去。在知道得越多後，我大概也了解到沖繩的特殊之處。沖繩不是國家，可是它與日本的差異是如此明顯。而和被國境區隔開來的台灣，卻又有很多文化或歷史上的相近之處，兩地都曾先後受到漢文化影響，日本的統治，還有美軍的介入。有時在查閱沖繩戰相關資料時，我都會想到，要是美軍當時真的進攻台灣了，不知道現在會怎樣。

當然，歷史沒有如果。歷史就是歷史，它說明今日的我們為何會在此，為何會去現在生活如此的原因。一碗麵有歷史、棒球有歷史、歌曲有歷史、藏書票當然也有歷史。在瞭解這些東西的過程是有樂趣的，也能感受到沖繩人們「想把這些事情也傳達給別人」的信念。

或許我也因此被影響到吧。特別有感於此的同時，又發現近來台灣對沖繩的討論不少，只是範圍大抵還是以觀光為主。像是去博客來等網路書店搜索，沖繩書大半都是旅遊觀光書。或者近一年來談到墾丁的衰退，許多人就會回覆「不如去沖繩」等言論。台灣人確實愛去沖繩，以這幾年的數據來看，台灣客人數總是外國遊客中比例最高者。只是看到這些爭論時，偶爾我又會想到：當初沖繩回歸日本時為了發展觀光，盛大舉辦海洋博覽會，結果卻以失敗坐收一事。然而對比今日，沖繩成為大家渡假的熱門選擇，海博公園還成為知名景點之一。

後來雖然算是寫了些東西，但對於要不要繼續寫下去還是有些舉棋不定。不過每當看到誰又在哪裡談論起沖繩，就忍不住想去插嘴個幾句，多少也確認了自己心情是想寫的，就一直繼續寫下去了。

在修業結束後，東洋企劃印刷特別為我辦了個送別會，面對大家熱情的祝福，我不自覺得說了「我感覺我其實不是回台灣，而是暫時先過去一下，以後會再回到這裡的」。後來我才發現，也許我內心根本沒有完全離開過。這一年一定改變了我自身許多，動筆本身就是其中之一。

於是寫著寫著，就成為這本書了。雖然是出於我個人不太聰明又專斷獨裁的角度所完成的，內容肯定有偏頗之處，但如果的您藉著閱讀本書，也能偶爾感受到「噢，原來沖繩還有這麼樣的一回事」的話，那就再好不過了。

國家圖書館出版品預行編目 (CIP) 資料

沖繩不一樣：那些旅行沒教你的沖繩事 / 朱宥任作 . -- 初版 . -- 臺北市：奇異果文創 , 2019.04
260 面 ; 14.8×21 公分 . --（緣社會 ; 19）
ISBN 978-986-97055-9-2(平裝)

731.788 108003638

緣社會 019

沖繩不一樣：那些旅行沒教你的沖繩事

作　　者　朱宥任
執行編輯　周愛華
美術設計　Akira Chou

發行人兼總編輯　廖之韻

創意總監　劉定綱
企劃編輯　許書容
法律顧問　林傳哲律師 / 昱昌律師事務所

出　　版　奇異果文創事業有限公司
地　　址　臺北市大安區羅斯福路三段 193 號 7 樓
電　　話　(02) 23684068
傳　　真　(02) 23685303
網　　址　https://www.facebook.com/kiwifruitstudio
電子信箱　yun2305@ms61.hinet.net

總 經 銷　紅螞蟻圖書有限公司
地　　址　臺北市內湖區舊宗路二段 121 巷 19 號
電　　話　(02) 27953656
傳　　真　(02) 27954100
網　　址　http://www.e-redant.com

印　　刷　永光彩色印刷股份有限公司
地　　址　新北市中和區建三路 9 號
電　　話　(02) 22237072

初　　版　2019 年 04 月 03 日
I S B N　978-986-97055-9-2
定　　價　新台幣 320 元

版權所有 · 翻印必究
Printed in Taiwan